OS QUATRO SEGREDOS SAGRADOS

PREETHAJI & KRISHNAJI

OS QUATRO SEGREDOS SAGRADOS

PARA O AMOR E A PROSPERIDADE

UM GUIA PARA VIVER
EM UM BELO ESTADO DE SER

Tradução de
CAROLINA SIMMER

1ª edição

Rio de Janeiro | 2020

CIP-BRASIL. CATALOGAÇÃO NA PUBLICAÇÃO
SINDICATO NACIONAL DOS EDITORES DE LIVROS, RJ

P933q
Preethaji
Os quatro segredos sagrados para o amor e a prosperidade: Um guia para viver em um belo estado de ser / Preethaji, Krishnaji; tradução Carolina Simmer – 1ª ed. – Rio de Janeiro: Best*Seller*, 2020.
196 p.

Tradução de: The four sacred secrets for love and prosperity: a guide to living in a beautiful state
ISBN 978-85-465-0209-7

1. Vida espiritual. 2. Consciência – Aspectos religiosos. 3. Sucesso – Aspectos religiosos. 4. Felicidade – Aspectos religiosos. I. Krishnaji. II. Simmer, Carolina. III. Título.

CDD: 204.4
CDU: 2-584

19-62027

Meri Gleice Rodrigues de Souza – Bibliotecária – CRB-7/6439

Texto revisado segundo o novo Acordo Ortográfico da Língua Portuguesa.

Título original
THE FOUR SACRED SECRETS FOR LOVE AND PROSPERITY:
A GUIDE TO LIVING IN A BEAUTIFUL STATE

Copyright © 2019 by OWA Holdings, Inc.
Copyright da tradução © 2020 by Editora Best Seller Ltda.

Publicado mediante acordo com a editora original Atria Books,
a Division of Simon & Schuster, Inc.

Todos os direitos reservados. Proibida a reprodução,
no todo ou em parte, sem autorização prévia por escrito da editora,
sejam quais forem os meios empregados.

Direitos exclusivos de publicação em língua portuguesa para o Brasil
adquiridos pela
EDITORA BEST SELLER LTDA.
Rua Argentina, 171, parte, São Cristóvão
Rio de Janeiro, RJ – 20921-380
que se reserva a propriedade literária desta tradução

Impresso no Brasil

ISBN 978-85-465-0209-7

Seja um leitor preferencial Record.
Cadastre-se no site www.record.com.br e receba informações
sobre nossos lançamentos e nossas promoções.

Atendimento e venda direta ao leitor
sac@record.com.br

Este livro é dedicado às transformações da consciência humana no sentido da unidade com toda a vida.

Sumário

Introdução *por Preethaji* 9
Meu despertar *por Krishnaji* 15

I.
O primeiro segredo sagrado: Viva com uma visão espiritual ... 23
A primeira jornada da vida: Cure a criança ferida ... 41

II.
O segundo segredo sagrado: Descubra sua verdade interior ... 61
A segunda jornada da vida: Dissolva a divisão interior ... 75

III.
O terceiro segredo sagrado: Desperte para a inteligência universal ... 97
A terceira jornada da vida: Seja um parceiro centrado no coração ... 107

IV.
O quarto segredo sagrado: Pratique a ação espiritual correta ... 137
A quarta jornada da vida: Seja um criador consciente de riqueza ... 147

Epílogo: Perguntas e respostas sobre nossa academia ... 175
Agradecimentos ... 191
Notas ... 193
Sobre os autores ... 195

Introdução

Por Preethaji

Ao abrir as portas e entrar na varanda, sinto o frescor do ar se tornar úmido. O vento traz de longe o aroma de terra molhada. Duas nuvens grandes se unem no céu, se descarregam e seguem seu caminho. A água flui do telhado e forma poças no quintal. Um sapo coaxa alto, outro responde; não demora muito para surgir o que parece uma orquestra deles. Meus sentidos estão explodindo de prazer. O êxtase me atinge de todos os lados antes de se apaziguar em um estado de profunda calma. Meu diretor financeiro me liga de Los Angeles para conversar sobre o novo aplicativo de meditação que vamos lançar. A imobilidade interior permanece durante a ligação... e as palavras fluem.

Por que nem sempre a vida parece tão fácil?

Por que são tão raros os momentos profundos, valiosos e gratificantes em nossos relacionamentos? Por que o progresso em nossa caminhada rumo ao sucesso é tão lento, e os obstáculos, tão grandes? Por que a felicidade é tão passageira? Sentimos uma pontada de alegria ao ver o sorriso dos nossos filhos, ao abraçar entes queridos, receber aplausos por um trabalho bem-feito. Por que nosso júbilo desaparece tão rápido e acaba sendo substituído por ansiedade, preocupação ou dúvidas?

Por milhares de anos, os seres humanos buscaram respostas para essas perguntas. Adotamos inúmeras estratégias a fim de despertarmos para uma existência mais bela. Trabalhamos duro com o intuito de aperfeiçoar

10 Os quatro segredos sagrados

habilidades, tentando dominar métodos antigos e truques da moda com o mesmo afinco.

Mas será que todas essas estratégias nos ajudaram a chegar perto da vida dos nossos sonhos? Ou só causam resultados temporários?

É claro que não existe nada de errado com uma abordagem mais estratégica. Porém, nosso objetivo é ajudar você a ultrapassar a mediocridade e despertar para uma força muito maior do que qualquer técnica que possa ser ensinada — uma força que lhe permitirá criar uma vida repleta de prosperidade e amor. A única coisa que você precisa fazer é desbloqueá-la.

É o poder da consciência transformada.

Em outros termos, não estamos falando sobre treinar sua mente ou adotar hábitos mais saudáveis; estamos falando sobre simplesmente transformar a maneira como você sente a realidade. A maneira como sente o seu próprio ser. O mundo ao seu redor. *Tudo.*

Pense nisso por um instante.

O que significaria sentir a vida de um modo completamente diferente? Ter a sensação de que novas partes do seu cérebro foram ativadas e ampliadas? Enxergar oportunidades onde antes via apenas obstáculos? Acreditar que, finalmente, o tempo e a sorte estão ao seu lado?

Que tipo de coisa seria possível com uma consciência tão poderosa?

Se você for como muitas das pessoas que conhecemos nas últimas três décadas, está ávido por esse conhecimento. Trinta anos atrás, meus sogros, Sri Bhagavan e Amma, fundaram a Oneness, uma organização espiritual dedicada a ajudar pessoas a se moverem do sobreviver para o viver; vinte anos depois, eu e meu marido, Krishnaji, fundamos a One World Academy, nossa própria escola de filosofia e meditação para transformar consciências.

Faz dois anos desde que meus sogros passaram a Oneness para Krishnaji e para mim, e, desde então, unimos essas duas grandes instituições para criar a O&O Academy. Nosso programa ajudou milhares de pessoas a cultivar relacionamentos livres de mágoas, criar conquistas livres de agressão e viver sem medo. Ele ensina como se mover da separação para a conexão,

Introdução 11

da divisão para a unidade, do estresse para a calma — e, com isso, nos transformarmos enquanto indivíduos e membros de famílias e grupos.

A O&O Academy não é um *ashram* para residentes, mas uma organização que oferece um aprendizado dinâmico para os alunos. Tudo que é aprendido lá pode ser usado em sua vida diária. Oferecemos cursos para adolescentes, jovens adultos, famílias, buscadores espirituais, criadores conscientes de riqueza e líderes que desejam uma "elevação de consciência".

Muitas pessoas procuram Krishnaji e a mim exatamente em busca do tipo de conselho estratégico que acabei de descrever, mas não demoram muito para perceber que todas as táticas não são nada quando comparadas às percepções e à mágica que surgem em suas vidas como resultado do despertar para o puro poder da consciência.

Pense neste livro como um guia para desbloquear o potencial maravilhoso da consciência humana. Infelizmente, a maioria de nós nunca aprendeu a usar essa extensa fonte de sabedoria. Não é de se admirar que passemos tanto tempo planejando e conspirando para conquistar nossa felicidade ou objetivos como se fossem convidados de uma festa que nunca conseguimos convencer a ficar mais um pouco para tomar um cafezinho!

Nas páginas a seguir, compartilharemos os quatro segredos sagrados, que vão ajudar você a se conectar com o imenso poder da consciência. Cada segredo é acompanhado por uma jornada da vida projetada para libertá-lo de tudo que lhe impede de realizar seus sonhos, desde acessar estados expansivos de consciência até se conectar de verdade com seus entes queridos.

A grande recompensa de uma consciência transformada é que você passará a vivenciar o mundo com aquilo que Krishnaji e eu chamamos de "belo estado de ser". A partir dele, a vida parece prazerosa e fácil. Oportunidades começam a surgir sem esforço. Pessoas aleatórias se transformam em amigas e aliadas. Você encontra apoio em todas as etapas de sua jornada. A sensação de estar empacado desaparece. Sua intuição desperta.

A revelação no âmago deste livro é bem simples: há apenas dois estados de ser, o estado de estresse e o belo estado de ser. Um cria um campo energético de caos ao seu redor. O outro acolhe a harmonia que acontece

12 Os quatro segredos sagrados

na sua vida. Portanto, a escolha mais importante que qualquer um de nós deve fazer é: "Em que estado quero viver?"

Mas essa ideia também vem acompanhada de uma pergunta: Depois que tomarmos essa decisão, podemos passar o tempo todo no belo estado de ser? Não, não podemos. Não basta apenas tomar a decisão. Primeiro, devemos compreender que os estados de sofrimento costumam ser inconscientes e profundamente enraizados. Suas origens são epigenéticas, pré-natais, vêm do começo da infância ou até mais tarde.

Nossos estados de sofrimento nos previnem de vivenciar esse senso de completude, calma, alegria e coragem. Mas é possível superá-los.

Se não aprendermos a nos libertar dos estados de sofrimento, eles continuarão voltando até nosso parâmetro de humor se tornar tristeza, irritação ou raiva. A partir desses espaços feridos, não podemos criar felicidade, fortuna ou relacionamentos duradouros. Mesmo que usemos a frustração para nos impulsionar, nossas conquistas trarão pouca satisfação duradoura. Ou, pior ainda, nossa subida ao topo cobra um preço tão caro que acabamos nos perguntando: Será que valeu a pena?

Nesse estágio, meditações, cânticos e viagens parecem equivalentes a jogar cubos de gelo dentro de um vulcão.

Precisamos de mais do que medidas paliativas; precisamos de transformação.

Nós escrevemos este livro juntos para compartilhar nossas experiências com o poder do belo estado de ser, assim como as experiências de nossos alunos que têm transformado suas vidas de dentro para fora em todos os aspectos, passando a construir relacionamentos duradouros e criando carreiras satisfatórias e bem-sucedidas. Os nomes, as nacionalidades e a história desses alunos foram modificados deliberadamente para preservar sua privacidade, porém mantendo a autenticidade de suas descobertas e experiências de transformação.

Como os relatos mostram, se você está curioso sobre como transformar sua consciência, vai encontrar um senso maior de facilidade na vida, no amor e nas conquistas. Quando começar a manter os segredos sagrados no coração, o universo se tornará um amigo amoroso, apoiando-o com sincronicidades mágicas que lhe darão força pelo caminho.

Vamos começar juntos esta jornada.

Porém, antes de iniciarmos, queremos fazer uma sugestão: não leia correndo estas páginas. *Os quatro segredos sagrados* é um livro que você desejará consultar o tempo todo. Ele se comunicará com a sua alma. A verdade por trás destas palavras ficará mais compreensível a cada dia. Talvez você deseje ler trechos como parte de sua prática cotidiana de meditação ou manter o livro por perto para ajudá-lo a encontrar clareza durante os inúmeros desafios diários que encontramos na vida. Acrescente toques pessoais nele, anotando observações, perguntas e reflexões durante a leitura. Sempre que você voltar para estas palavras, elas terão uma lição nova para oferecer.

Faça um intervalo para refletir sobre cada conceito. Preste atenção nos sentimentos ou nas revelações que surgirem, assim como quaisquer coincidências que ocorram conforme você desperta para o poder da consciência.

Meu despertar

Por Krishnaji

Preethaji e eu tínhamos acabado de chegar em Big Bear Lake, no sul da Califórnia, com nossa filha, Lokaa, que tinha 5 anos na época. Era primavera de 2009. Estávamos nas férias pelas quais ansiávamos já havia algum tempo, e estávamos parados no topo da montanha, observando a beleza ao redor.

O vasto lago de água azul cristalina parecia infinito. Pedaços de verde e branco refletiam a terra e o céu. Rastros de prata e ouro líquidos cortavam a superfície imaculada. Eu me sentia energizado pelo ar terroso que enchia meus pulmões, tão fresco e frio: sabíamos que a temperatura esfriaria no alto das montanhas, mas não imaginávamos que a brisa vinda do lago congelado seria tão cortante. Meu corpo e minha mente estavam completamente despertos.

Após alguns instantes, a animação de Lokaa quebrou o silêncio.

— *Nanna, nanna*, olhe só! — gritou ela, usando o termo carinhoso do sul da Índia para "pai".

Puxando meu braço, ela apontou para a marina, onde dois jet skis saíam do cais. Preethaji e eu trocamos um olhar. Como poderíamos dizer não para tamanho entusiasmo?

A animação de Lokaa realmente era contagiosa. O instrutor do jet ski também tinha um ar jovial. Depois de nos ensinar o básico, perguntou:

— Vocês querem mesmo coletes salva-vidas?

16   *Os quatro segredos sagrados*

A pergunta foi feita de maneira tão casual que respondi quase imediatamente:

— Não, não precisamos.

Talvez trinta segundos tenham passado antes de Preethaji me cutucar e dizer:

— Queremos, sim.

Em um instante me ocorreu: é claro que precisávamos deles! Preethaji não sabe nadar. Pegamos os coletes e fomos para nosso jet ski.

Enquanto eu ligava a ignição, o instrutor se esforçou para transmitir as últimas instruções por cima do barulho do motor e dos gritos de alegria de Lokaa. Ele berrou alguns detalhes sobre prestar atenção na velocidade e evitar curvas muito fechadas. E então, quando começávamos a nos afastar, avisou:

— Se você capotar, vai ter sete minutos para virar o jet ski de volta para cima, ou ele vai afundar.

Com esse último alerta, partimos.

— Mais rápido, *nanna*, mais rápido — incentivava Lokaa por cima de nossas risadas.

Já tínhamos atravessado uma distância bem grande, e eu me sentia capaz de percorrer quilômetros dentro do lago.

Querendo proporcionar uma experiência memorável para Lokaa e Preethaji, decidi ser mais ousado. Comecei a ir de um lado para o outro, torcendo para criar uma bela onda grande. Em vez disso, o jet ski virou, e caímos no lago.

Tudo ficou preto. Estávamos embaixo da água. O medo inundou meu corpo, e senti Preethaji puxando minhas roupas, desesperada. Onde estava Lokaa? Enquanto eu me debatia, subi até a superfície e observei as duas aparecerem com seus coletes salva-vidas devidamente presos.

Preethaji havia engolido água, e arfava, puxando o ar. Enquanto ela lutava para voltar ao normal, minha mente girava. E se alguma coisa tivesse acontecido com ela? Com nossa filha? Alguns minutos se passaram antes de eu conseguir me acalmar e reconfortá-las. Lokaa se recuperou mais rápido do que a mãe.

Meu despertar 17

— *Kanna?* Como vamos virar essa coisa? — gritou Preethaji.

As palavras do instrutor ecoavam alto em meus ouvidos enquanto a tensão aumentava. O prazo de sete minutos se aproximava, então o jet ski poderia começar a afundar a qualquer instante.

Estávamos muito longe das margens do lago, imersos na água gélida, com telefones ensopados. Não seria exagero imaginar que uma pessoa que fora tão despreocupada ao mencionar procedimentos de segurança pudesse nos esquecer. *E se ninguém vier nos ajudar?*, pensei, em pânico. Congelaríamos no lago glacial. Apesar de eu não conseguir virar o jet ski para cima, pelo menos ele continuava flutuando. Teríamos que esperar um resgate, mas, por enquanto, o pior perigo parecia ter passado.

Enquanto isso, minha cabeça continuava rodando. Eu não conseguia parar de me enfurecer com as parcas instruções que recebemos na marina; queria brigar com o instrutor — eu sentia tanta raiva. Ao mesmo tempo, tentava entender por que aquilo havia acontecido. As perguntas giravam em minha cabeça de modo caótico.

Por que isso aconteceu com a minha família? Será que foi resultado de um carma negativo? Será que foi parte de algum plano cósmico?

Será que esta situação surgiu para me ensinar alguma lição?

Nenhuma das respostas em que consegui pensar fazia com que eu me sentisse melhor. Se o acidente pudesse ser atribuído ao carma, a um plano cósmico ou a alguma lição pessoal, então saber disso com certeza aplacaria minha raiva e me traria certa paz, e minhas perguntas acabariam. Em vez disso, minha fúria e minhas dúvidas permaneciam lá.

O que é que está acontecendo? O que é esse sofrimento dentro de mim?

Sempre me senti confortável fazendo perguntas profundas como essas. Na verdade, digamos que fui criado para isso. Meu pai, Sri Bhagavan, é mentor espiritual e fundador da Oneness, uma organização mística. No âmago do movimento está o fenômeno da *deeksha*, a benção da Unidade. Quando jovem, meu pai tinha visões de uma esfera dourada gigante de luz que faziam com que ele entoasse cânticos e meditasse pela libertação da humanidade. Ele acabou fundando uma escola, onde, além de promover

18   *Os quatro segredos sagrados*

a educação convencional de crianças, também ensinava a arte de relacionamentos felizes. Eu estudei lá também.

Quinze anos após as visões do meu pai desaparecerem, elas surgiram espontaneamente para mim. Eu tinha 11 anos quando comecei a entrar em estados de consciência diferentes de tudo que já havia sentido antes. E, de repente, esses estados começaram a fluir de mim para meus amigos e colegas de escola.

Um dia, quando meu pai me perguntou se eu conseguia compartilhar a experiência de modo consciente, respondi que sim. Ao transferir esse estado para os outros, eles começaram a ter a mesma visão do orbe dourado de luz.

Alguns o chamavam de Deus; alguns o chamavam de amor; outros, de sagrado.

Devido à minha infância diferente, nunca tive medo de investigar os mistérios da vida. E, mesmo assim, as perguntas filosóficas jamais pareceram tão urgentes.

Infelizmente, nenhuma das explicações a que consegui me agarrar fez alguma coisa para que eu me sentisse melhor enquanto estava encalhado nas águas frias. Nenhuma me ajudou a encontrar a calma. Quando pensava no instrutor inútil, sentia meu rosto ficar vermelho de raiva. Ele nunca nos explicou como endireitar o jet ski caso virássemos. Como alguém podia esquecer uma informação tão importante? Como alguém podia ser tão irresponsável?

Eu não conseguia abandonar minha raiva. Meus pensamentos giravam em círculos. E a sensação me era estranha, porque, desde a infância, nunca deixei que a inquietação se enraizasse em mim.

Extremamente desconfortável com meu caos interno, voltei a minha atenção para o meu interior com profunda determinação. Em um instante, a verdade surgiu diante de mim, nua e crua. Percebi que eu não estava com raiva do universo nem da vida ou do instrutor; na verdade, a raiva era de *mim mesmo*.

Afinal de contas, na minha animação na marina, recusei a oferta de coletes salva-vidas. Se não fosse pela insistência de Preethaji para que os usássemos, eu poderia ter perdido minha família naquele dia.

A visão da minha verdade silenciou completamente o caos interno.

O que aconteceu em seguida só pode ser descrito como um processo intenso de esvaziamento.

Cada refúgio que me amparava em momentos de sofrimento — cada ideia metafísica que me consolava quando eu encarava momentos de tristeza — desaparecia agora. O consolo e a segurança não eram mais opções. Eu era lançado em uma velocidade inimaginável na direção — de quê? Não sabia. No profundo silêncio interior, percebi a natureza real de todos os momentos de sofrimento pelos quais eu já havia passado. Uma revelação irradiava por todo meu ser: a raiz de todo sofrimento é o pensamento obsessivo autocentrado.

Não foi apenas meu próprio sofrimento que finalmente compreendi. Eu testemunhava o sofrimento de toda humanidade. Naquele momento, percebi com uma clareza indiscutível o principal motivo para a infelicidade humana: um compromisso obcecado com o *eu, eu, eu*. Preocupação, ansiedade, tristeza, descontentamento, raiva e solidão surgem quando os pensamentos giram apenas em torno de nós mesmos.

Cada célula do meu corpo pulsava com a percepção de que a única maneira de nos libertarmos do estresse e da infelicidade é quebrar o feitiço do autoengajamento obsessivo.

Nesse estágio, senti o "experienciador" em mim desaparecer completamente. Não havia mais um homem que sofria ou não sofria, do mesmo modo que não havia mais alguém causando sofrimento. Não havia um Krishnaji que esperava resgate para sua família. Não havia um ser isolado.

Eu era ilimitado. Fui tomado por um grande senso de unidade com Preethaji e Lokaa, e com tudo ao meu redor. Não havia distinção entre elas e eu, entre a terra e meu corpo nascido da mãe-natureza.

Ao olhar atentamente aquele corpo que chamo de meu, vi minha mãe, meu pai, meus avós e bisavós — todas as gerações que vieram antes de mim. Consegui ver a humanidade desde os primórdios dos tempos como minha ancestralidade.

20   Os quatro segredos sagrados

Não havia seres distintos, coisas distintas, eventos distintos, forças distintas. Dentro de mim, encontrei a vastidão do oceano, do céu, de tudo entre eles. Eu era o universo. O universo inteiro era um organismo gigante, um grande processo no qual tudo era tudo mais.

O que existia era o Uno. O Sagrado. O que nós, na cultura hindu, chamamos de "Brahman", ou que alguns poderiam chamar de Divino.

Mas eu não sentia o Divino como algo separado de mim.

Não havia separação. Não havia tempo.

A experiência toda pareceu durar uma eternidade, apesar de termos passado apenas 25 minutos na água antes de a equipe de resgate chegar. Enquanto minha família era levada a um lugar seguro, uma paixão imensa despertava dentro de mim: eu queria ajudar todas as pessoas a sentir a mesma coisa, queria ajudar todos a serem livres.

Quero que nos libertemos da ideia de que somos separados uns dos outros. Que nos libertemos da guerra que travamos dentro de nós e com o mundo ao nosso redor. Que nos libertemos do sofrimento que faz nossas vidas parecerem pequenas e insignificantes.

Eu sabia que uma bela vida, vivida em um belo estado de ser, era o destino de todos. A saída do sofrimento aparecera diante dos meus olhos. O caminho era claro.

I.

O primeiro segredo sagrado: Viva com uma visão espiritual

∞

O primeiro segredo sagrado: Viva com uma visão espiritual

Por Krishnaji

Antes de você começar sua jornada, espere alguns segundos.
Por favor, pause aqui.
Tome três respirações profundas.
Diga lentamente para si mesmo:
Que eu encontre as respostas que busco.
Que eu descubra as soluções de que preciso.
Que minha vida seja bela.

Por favor, prossiga.

Muitas civilizações, religiões e culturas surgiram e desapareceram. Porém, a busca por um estado transformado de consciência permaneceu intacta pelo decorrer da história da humanidade. O entusiasmo para experienciar a vida a partir de um estado magnífico atravessa todas as religiões, raças e culturas. Essa paixão espiritual por viver intensamente, por se conectar de maneira profunda e por amar de forma plena está no âmago de todos os seres humanos neste planeta, independentemente de ser algo consciente ou não.

24 Os quatro segredos sagrados

Podemos sentir tal estado transformado de consciência de várias maneiras: como puro êxtase, um amor sem causa, uma calma coragem ou uma presença serena.

Convencionalmente, a busca por um estado transformado costuma ser associada com hippies ou pessoas afastadas do cotidiano normal. Presume-se ser uma zona em que apenas aqueles que estão desinteressados e desiludidos com a vida escolhem entrar. Durante muito tempo, o estado transformado de consciência era visto como um objetivo supremo, mas Preethaji e eu fazemos uma distinção clara nesse quesito. Nós acreditamos que nada pode estar mais longe da verdade do que essa concepção.

Nossas próprias vidas são prova disso. Somos muito engajados com a vida: somos marido e mulher, pais de uma adolescente e também muito proativos no cuidado da saúde e do bem-estar de nossos pais. Administramos uma academia internacionalmente aclamada para aprendizados sobre a consciência — apenas no ano passado, ela recebeu mais de 69.500 alunos em vários países no mundo todo. Somos muito engajados em todas as atividades da academia, desde o treinamento de membros do corpo docente à elaboração dos cursos e ao ensino de aulas avançadas. Além disso, também fundamos duas instituições de caridade enormes que, até o momento, impactaram a vida de mais de 500 mil habitantes de mais de mil vilarejos nos arredores da nossa academia. Nós afetamos de maneira positiva a vida de mais de 220 mil jovens em várias escolas e universidades na Índia com nossos cursos. E também fundamos cinco empresas globais, onde, nos últimos anos, exercemos as funções de guias e visionários.

Não é exagero dizer que somos profundamente satisfeitos e bem-sucedidos em tudo que fazemos. A maioria das pessoas que nos olha de fora quer saber como fazemos tanta coisa acontecer.

Dizemos que é o poder da nossa consciência.

Cada um de nós é muito mais do que nossas mentes limitadas. Somos muito mais do que nossos corpos. Somos seres transcendentais. Quanto mais você despertar para o poder da sua consciência, mais poderoso se tornará. O universo virá ao seu auxílio com mais facilidade, a própria vida se tornará

Viva com uma visão espiritual **25**

mais miraculosa. Essa é a chave para os segredos que vamos compartilhar aqui. Se você quiser encontrar soluções para seus problemas, se quiser realizar seus desejos, precisa despertar para o poder da sua própria consciência.

Estamos prestes a compartilhar algo que tornará sua mente poderosa o suficiente para alcançar suas mais sinceras intenções. Os quatro segredos sagrados foram tirados de nossas vidas e funcionaram na vida de todas as pessoas para quem os ensinamos.

Então abra o coração. Até mesmo durante a leitura e a compreensão de cada um dos segredos, você verá sua vida mudando na direção do milagroso.

Descubra o primeiro segredo sagrado.

O primeiro segredo sagrado: Viva com uma visão espiritual
Qual estado de ser está conduzindo você?

Por Preethaji

Esta fábula antiga vai ajudá-lo a compreender o primeiro segredo sagrado. Leia devagar.

Dois monges, Yesmi e Nomi, voltavam para seu monastério após um dia dando aulas em um vilarejo próximo. No caminho para casa, precisavam atravessar um rio. Quando estavam prestes a entrar nele, ouviram uma mulher chorando.

Yesmi se aproximou dela e perguntou qual era o problema.

— Preciso voltar para meu bebê, que está esperando por mim no vilarejo do outro lado do rio. Como a água subiu hoje, não consigo voltar — explicou a mulher, desolada por saber que o filho passaria a noite chorando de saudade.

Yesmi se ofereceu para ajudá-la a atravessar. Depois de ser carregada até a outra margem, a mulher agradeceu, e os dois monges seguiram para o monastério.

Após um longo e incômodo silêncio, Nomi finalmente falou. Em um tom agitado, disse:

26 *Os quatro segredos sagrados*

— Você entende a gravidade do que fez?

Yesmi sorriu.

— Entendo.

Nomi continuou:

— Nosso mestre diz: "Nunca olhe para uma mulher." E você falou com ela! O mestre diz: "Nunca fale com uma mulher." E você tocou nela! O mestre diz: "Nunca toque em uma mulher." E você a carregou no colo!

— É verdade, mas faz meia hora que a soltei. Não é você que continua carregando-a? — rebateu Yesmi com calma.

Os dois monges da história representam os dois estados internos que todos os seres humanos experienciam. Em cada momento de nossa existência, vivemos em um estado de sofrimento ou de não sofrimento.

Chamaremos o estado de não sofrimento de um "belo estado de ser", porque é assim que sentimos a vida quando não estamos sofrendo.

Se você não se sentir confortável com o termo "sofrimento", substitua-o pela palavra "estresse". Geralmente, estresse remete a tensão, mas a raiva, o medo, a solidão e a frustração também são estados estressantes, não são? A palavra "sofrimento" engloba todos esses sentimentos.

Belos estados de ser incluem experiências de calma, conexão, paixão, alegria, vitalidade e paz interior. Quando não estamos no belo estado de ser, nosso padrão é o estresse ou o sofrimento.

Se observarmos tudo que já aconteceu em nossas vidas ou no mundo ao nosso redor, veremos a força impulsora desses dois estados de ser. Por trás da paz ou da guerra, da harmonia social ou de vícios, da persistência ou do fracasso, da bondade ou da crueldade, da cooperação ou de políticas cáusticas, e, por fim, de crianças felizes ou de uma geração problemática, encontraremos um estado de sofrimento ou um belo estado de ser.

Voltemos agora à nossa história, tendo em mente que Yesmi representa um belo estado de ser, e Nomi, um estado de estresse ou sofrimento.

Nomi criou um problema inexistente em sua cabeça e ficou nervoso ao tentar resolvê-lo. Yesmi solucionou o problema real de outro ser humano e seguiu em frente na sua caminhada tranquila.

Viva com uma visão espiritual **27**

Nomi estava agitado antes, durante e após o evento. Sua agitação interna fez com que ele complicasse demais a situação e agisse de maneira irracional. Yesmi, durante sua ação, estava totalmente presente. Quando a ação terminou, também deixou o evento para trás por completo. Em um belo estado de ser, a ruminação compulsiva sobre o passado e a ansiedade sobre o futuro não existem. Nós experienciamos simplicidade interior e o brilho de uma mente livre. Estamos conectados com o presente.

Nomi ficou perdido, porque o estado de sofrimento separa. Quando somos Nomi, podemos estar no meio de uma multidão alegre e, ainda assim, nos sentirmos ausentes. Mesmo quando estamos entre amigos próximos, a solidão permanece.

O estado de Yesmi era diferente; ele se manteve presente. E, ao sentir a angústia de Nomi, tentou ajudá-lo com uma pergunta sábia.

Quando estamos em um belo estado de ser, somos sábios o bastante para ajudar a nós mesmos e aos outros. Nossas ações são decisivas e poderosas.

Todos nós já fomos Yesmi em algum momento, e todos nós já fomos Nomi. Já vivemos estressados, desconectados, e contribuímos com o caos em nossa vida pessoal e na vida das pessoas ao nosso redor. Mas também já vivemos em belos estados de conexão, contribuindo para o bem-estar do mundo e de nós mesmos.

Em nossos anos de observação da consciência e de sua manifestação na vida, percebemos um padrão recorrente. Não há dúvida de que o sofrimento é destrutivo e que belos estados são rejuvenescedores e revigorantes. Uma vez após a outra, notamos que quanto mais alguém segue em estado de sofrimento, mais a vida se transforma em uma rede emaranhada da qual não parece haver escapatória. Os problemas se acumulam, as confusões se acumulam, o caos se acumula. Existir se torna uma batalha infindável.

Quando prolongamos os estados de sofrimento de frustração, decepção, inveja ou ódio, todos os aspectos de nossa existência parecem desequilibrados. Entramos em conflito com nossas famílias, com o trabalho, com o governo. Em estados de sofrimento, sentimos como se todas as forças do universo estivessem contra nós. Não importa que decisão ou qual ação tomemos, sempre nos deparamos com um caos cada vez maior em nossas vidas.

28 Os quatro segredos sagrados

Também já observamos que, em inúmeras ocasiões, quando vivemos em um belo estado de ser, "sincronicidades" mágicas começam a acontecer. Agora, você pode estar se perguntando o que seria uma "sincronicidades". Sincronicidades são coincidências significativas. São acontecimentos favoráveis e harmônicos que ocorrem em alinhamento com suas intenções. É como se os movimentos aleatórios do universo se organizassem em padrões de acordo com os desejos do seu coração para apoiar você.

Em um belo estado de ser, nós nos tornamos mais criativos e encontramos soluções incríveis para nossos desafios. Relacionamentos complicados são curados, e novos relacionamentos saudáveis surgem. O pensamento se torna mais claro, o intelecto se torna mais afiado, as nossas mentes se tornam mais calmas, e os nossos corações entram em um espaço de conexão.

Se você estiver se sentindo confuso com o conceito do belo estado ou se não tem certeza de que o compreendeu corretamente, lembre que o termo se refere a uma grande variedade de experiências. Ele pode começar como serenidade, felicidade, gratidão, amor ou coragem. A essência de um belo estado de ser é a ausência de um diálogo interno conflitante, uma percepção maior do momento presente e uma conexão mais profunda com as pessoas ao seu redor. Conforme você evolui, poderá despertar para estados transcendentais como paz, serenidade, compaixão, júbilo e destemor. Nesses estados, seguimos o fluxo da vida. E despertamos para a unidade e a interconexão de toda a existência. Quanto mais poderoso for o estado, mais fácil será para você impactar o tecido da consciência para manifestar suas aspirações.

Destrinchando a palavra

Por Krishnaji

Para viver completamente, precisamos acabar com o medo da morte.

Para amar totalmente, precisamos dissolver os desapontamentos.

Para vivenciar um belo estado de ser, devemos entrar profundamente no sofrimento e, assim, nos livrarmos dele.

A esta altura, você já deve ter entendido como empregamos a palavra "sofrimento". Em termos simples, ela significa uma experiência emocional desconfortável. E é abrangente: as ocorrências mais leves de sofrimento que costumam passar despercebidas são irritação, apreensão e decepção. Conforme você continua se entregando a elas, o próximo estágio de raiva, ansiedade e tristeza se desenvolve. Se você não foi ensinado como dissolvê-las, elas podem se transformar em ira ou espírito vingativo, pânico ou depressão — em outras palavras, sentimentos perigosamente obsessivos.

Não importa em que nível você esteja sofrendo, é essencial perceber que o sofrimento prolongado faz mal. Estados de sofrimento são os principais destruidores de cada um de seus sonhos.

Há outra palavra muito conhecida, porém decisiva, que gostaríamos de discutir para que você compreenda de verdade o significado de *sofrimento*: "problema".

Vamos destrinchá-la.

O que é um "problema"?

A principal diferença entre *sofrimento* e *problema* é que o sofrimento é uma experiência interna, enquanto o problema é externo. Ele pode variar de um inconveniente pequeno a um obstáculo extremamente difícil. Mas cabe a você determinar como lidar com a situação — a partir de um estado de sofrimento ou de um belo estado de ser.

E se você romper um ligamento na aula de lutas marciais e não puder fazer aquela viagem aventureira que tinha planejado? Meses de preparativos jogados no lixo. Isso é um problema.

Ou digamos que tenha sido demitido. Seria impossível sustentar sua família ou pagar as contas. Você precisaria se mudar. Isso é um problema com consequências graves.

E o que aconteceria se sua mãe idosa ficasse muito doente e precisasse de sua total atenção? E se você tivesse que se mudar de volta para sua cidade natal porque ela se recusa a ficar na sua casa? E se tivesse que abrir mão de uma oferta de emprego maravilhosa? Isso também é um problema, ou uma situação desafiadora.

30 *Os quatro segredos sagrados*

O fator mais decisivo para o rumo que essas situações tomarão no futuro é o estado a partir do qual você lida com esses desafios ou problemas.

Se pensarmos bem em casos como esses, notaremos que eles podem acontecer com todas as espécies vegetais, humanas e animais. Sempre que ocorre uma tempestade, centenas de plantas e árvores são arrancadas do solo. Muitas morrem. Bichos na mata perdem territórios e enfrentam escassez de comida. Às vezes, precisam deixar seus lares para trás por causa de uma ameaça inesperada.

Quando minha equipe estava filmando um documentário sobre a vida animal, *Tiger Queen*, em 2010, fiquei surpreso com as semelhanças entre os nossos problemas e os problemas dos tigres na selva. No filme, uma tigresa enorme chamada Machli perde seu território para sua filha e é forçada a abandonar um terreno farto. No fim, ela recua para uma parte menos fértil da floresta.

Felizmente, Machli não pensa como nós. Se pensasse, poderia passar o resto da vida deprimida!

Os desafios não são exclusividade da espécie humana. Mas a maneira como *vivenciamos* um desafio é exclusiva para cada um de nós.

Se você perdesse o emprego, passaria o dia todo na cama, contemplando seu fracasso, ou veria um novo caminho surgindo diante de seus olhos, cheio de oportunidades? Se a sua comunidade fosse atingida por um terremoto ou um tsunami, você ficaria paralisado pelo medo de uma nova tragédia ocorrer ou se esforçaria para reconstruir a vida e dar apoio à comunidade com uma postura calma e determinada?

O que nos faz escolher como reagimos à vida? Nosso estado de ser.

Todos nós enfrentamos desafios — e, para muitos, esses desafios são exacerbados por pobreza, instabilidade política, opressão sistemática e desastres naturais.

Temos alunos de diversas origens socioeconômicas: aqueles cujas vidas não foram afetadas por grandes tragédias, assim como os que foram arrasados pela violência e por doenças.

Viva com uma visão espiritual 31

Mas observamos todos os tipos de pessoas aprenderem a transcender o sofrimento e viver em um belo estado de ser.

Além disso, o poder do belo estado de ser quebrou barreiras e abriu novas portas para elas, ajudando-as a superar desafios e oferecendo soluções criativas até para os problemas mais complicados.

Porém, para encontrar o poder verdadeiro da consciência, é preciso trilhar um caminho. E o primeiro passo exige uma decisão importante: dizer não para uma vida de sofrimento — mesmo que apenas por um dia — e dizer sim para viver no belo estado interior.

Você é capaz de assumir esse compromisso?

É capaz de imaginar uma vida assim?

Cada dia passado em sofrimento é um dia desperdiçado, e cada dia passado em um belo estado de ser é uma vida vivida de verdade.

Mas o que é uma visão espiritual?

Basicamente, a vida é formada por dois aspectos: fazer e ser. Fazer inclui todas as ações que tomamos para alcançar o sucesso: criar contatos, desenvolver e encerrar relacionamentos, adotar hábitos. É a face que exibimos ao mundo exterior, e, com muita frequência, o aspecto em que mais nos concentramos.

Ser, por outro lado, é como sentimos a vida. Talvez você abra um sorriso quando entra em uma reunião, por exemplo, porque sabe que é isso que precisa fazer para se mostrar confiante. Porém, por dentro, a história é diferente. Talvez você se sinta assustado, nervoso ou completamente despreparado.

Nossa sociedade premia o fazer, e dá muito pouca atenção ao nosso estado de ser interior. Poucos de nós realmente dão prioridade a criar uma bela experiência interna, preferindo viver como se a carreira, o desempenho, a aparência, a classe social ou a segurança financeira fossem as únicas coisas importantes.

32 *Os quatro segredos sagrados*

Essa completa negligência com o ser e a obsessão com o fazer causam extremo desequilíbrio na maneira como vivemos e nos joga em um turbilhão de obstáculos inesperados.

De acordo com Jennifer Read Hawthorne, coautora do best-seller *Histórias para aquecer o coração das mulheres: 101 histórias para abrir os corações e reacender os espíritos das mulheres* a maioria dos seres humanos tem uma média de 12 mil a 60 mil pensamentos por dia, em grande parte repetitivos. E surpreendentes 80% de nossa tagarelice mental normal são negativos. O que significa que, em média, a maioria das pessoas passa 80% do tempo em um estado inconsciente de sofrimento, e apenas 20% em um belo estado de ser.

Para vivermos de verdade, precisamos inverter essa proporção.

Gradualmente, 20% se tornam 40, 50, 60, 70, 80, ou mais, vivendo em um belo estado. Imagine como a vida seria bela a partir desse estado!

O primeiro segredo sagrado é projetado para nos ajudar a fazer exatamente isso: ao manter uma visão espiritual para si mesmo, você será capaz de transformar seu mundo interior.

Vou compartilhar uma experiência pessoal para ajudá-lo a compreender o poder da visão espiritual. Desde meu primeiro encontro místico, aos 11 anos, estados de consciência magníficos surgiam em mim de maneira espontânea. Por mais estranho que pareça, nenhuma dessas experiências interferiam com minhas brincadeiras e minha diversão.

Aos 19 anos, eu estava determinado a montar um centro para o número cada vez maior de buscadores espirituais. Após refletir sobre o assunto, percebi que queria construir mais do que um centro: eu queria criar um ecossistema completo que ajudaria e daria apoio à transformação de qualquer indivíduo que entrasse lá. Pedi o consentimento e a benção dos meus pais para o projeto. Meu pai viu a criação de um espaço em que a consciência humana seria impactada, onde as pessoas poderiam entrar em estados despertos de consciência.

Minha visão estava pronta. O plano era criar uma estrutura mística que auxiliaria as pessoas a sentir o que eu sentia. Essa estrutura não apenas teria um impacto na consciência das pessoas que a frequentassem, mas também

Viva com uma visão espiritual 33

afetaria a consciência coletiva humana. Eu me lancei no projeto, com uma incrível animação. Menos de um mês após expressar a intenção, as pessoas e os recursos necessários começaram a se materializar. Sincronicidades grandes e pequenas começaram a surgir ao nosso redor.

A primeira ocorreu quando encontramos um arquiteto que conhecia os antigos princípios místicos da arquitetura sagrada. A segunda, quando achamos um terreno mágico que poderia concretizar essa visão sagrada. Um lote de 180 mil metros quadrados no meio de uma floresta, localizado aos pés de uma cordilheira incrível, irradiava energias muito fortes. Escolhi a Larssen & Toubro para ser a empreiteira que executaria o projeto no local sagrado que se tornou o Ekam, uma construção de mármore magnífica de três andares, com um santuário de dezessete metros quadrados. Eu queria criar uma maravilha mística que permaneceria de pé por mil anos e afetaria a consciência humana. Hoje, o Ekam é uma joia no centro da academia.

Quatro meses após o início do projeto, recebemos uma advertência do departamento do meio ambiente que dizia: "O terreno fica localizado no meio de uma reserva nacional." Eles exigiram que interrompêssemos imediatamente o trabalho. Os veículos da empreiteira foram proibidos de entrar no local.

Fiquei chocado, porque tínhamos autorização de todas as autoridades competentes de construção civil. O projeto fora aprovado. Como havia uma estrada, presumimos que o acesso era permitido — porém, o departamento de desenvolvimento urbano e residencial se esquecera de mencionar que não era.

Enquanto isso, a empreiteira me informou que estouraríamos o orçamento, já que tinham mobilizado sua força de trabalho e todos os equipamentos. As contas iriam subir muito agora.

Todas as pessoas com quem eu conversava diziam a mesma coisa: seria impossível conseguir permissão para construir algo dentro de uma reserva nacional, já que a Índia tem leis florestais muito rígidas. Mesmo que eu levasse o caso ao tribunal, levaria cinco ou seis anos até encontrarem uma solução. Conforme a crise piorava, eu me mantive enraizado à minha visão

34 Os quatro segredos sagrados

espiritual de não sucumbir aos estados de sofrimento. Sabia que o projeto do Ekam era maior do que qualquer um de nós. Permaneci enraizado à minha fé de que aquele terreno sagrado serviria para despertar milhões de pessoas para uma consciência transformada, então ele precisava acontecer. Incrivelmente, estados poderosos começaram a surgir em minha consciência. Testemunhei o projeto acontecendo na minha mente. Não havia alternância entre passado e futuro. Aquilo se tornaria realidade.

Minha equipe seguiu com seus esforços dedicados para conseguir permissão do departamento do meio ambiente para usar a estrada. E a mágica começou a acontecer. Em menos de noventa dias, o pedido passou por mais de vinte mesas para receber níveis diferentes de autorização. Resumindo: conseguimos permissão para usar a estrada. Aquilo era algo histórico e completamente fora do comum. E, mais importante, eu não precisei me desesperar para fazer as coisas acontecerem.

Permaneci fundamentado em minha visão espiritual para direcionar o projeto a partir de um belo estado de consciência.

Quase dezesseis anos após essa sincronicidade, milhares de pessoas passam todos os dias pela estrada até Ekam para meditar, para o despertar individual e pela paz mundial.

Essa foi apenas uma de muitas experiências em que manter minha visão espiritual causou resultados incríveis.

Ter uma visão espiritual é diferente de ter um objetivo. Objetivos são voltados para o futuro; são esperanças e planos que fazemos para a vida.

A visão espiritual, por outro lado, não é um destino. Ela se refere ao estado de ser que você escolhe viver enquanto tenta alcançar seus objetivos. É por isso que chamamos a visão espiritual de a mãe de todas as visões.

Digamos que você tenha a visão de ser pai ou mãe. Isso é um papel: trata-se apenas do fazer. Qual é seu estado interior todos os dias? Você se sentiria bem preenchendo o papel de pai ou mãe em um estado de confusão, frustração ou culpa?

Ou preferiria cumprir esse papel enquanto vive em um belo estado de conexão e clareza? Você gostaria de ser um pai feliz? Realizado? Grato?

Viva com uma visão espiritual 35

Você é realmente apaixonado pelo adjetivo? Por viver em um belo estado de ser enquanto persegue seus objetivos? Ou são apenas o verbo e o fazer que importam?

Mais uma vez, lembre que a decisão mais importante a ser tomada é esta: A partir de qual estado você quer viver sua vida? Em que estado quer criar seu destino?

A manutenção de uma visão espiritual profunda e focada para acabar com o sofrimento e viver em um belo estado de ser mesmo que por dois minutos por dia aumenta o fluxo de sangue no córtex cingulado anterior e nos lobos frontais do cérebro, diminuindo pensamentos emocionais desnecessários.

A prática mágica da Soul Sync

Por Preethaji

Antes de você começar a primeira jornada da vida, queremos compartilhar uma ferramenta poderosa que o ajudará a despertar para os belos estados que acabamos de explicar. Criei a Soul Sync para ser mais do que uma meditação. Essa é uma prática sagrada praticada todas as manhãs por centenas e milhares de alunos da academia em várias culturas para começar o dia com um belo estado de ser e atrair o poder infinito da consciência para manifestar suas intenções mais sinceras.

A Soul Sync é tanto científica quanto mística. Vamos explorar o lado místico primeiro.

Milênios antes do advento da neurociência moderna, os antigos sábios da Índia foram pioneiros na ciência da consciência. Suas descobertas seriam de grande interesse não só para os estudiosos do cérebro, mas para qualquer um que busca transformar sua maneira de pensar, sentir e viver.

Os antigos falavam de um tipo de consciência mais expansiva que iria além de nossa compreensão comum. Eles a chamavam de "Brahma Garbha" — o útero da consciência ilimitada — e a associavam com os eixos pineal e hipotálamo-pituitário-adrenal no cérebro.

Pela nossa experiência, quando alguém ativa essa parte da consciência com uma prática como a Soul Sync, suas intenções profundas se tornam poderosas o suficiente para atravessar a barreira do pensamento e entrar no mundo físico. Depois, você se sentirá como se tivesse estabelecido um novo relacionamento com o universo: ele parece estar se reorganizando de tal maneira que você começa a experienciar sincronicidades. A vida toma rumos milagrosos e segue na direção de um destino magnífico.

Independentemente de seu objeto ser segurança financeira, um relacionamento amoroso, uma carreira gratificante, uma vida espiritual mais aprofundada ou uma conexão com o universo, você poderá usar essa prática como uma base para criar mágica.

Aqui vão as etapas da Soul Sync.

A maravilhosa Soul Sync

A postura

Sente-se em uma cadeira confortável ou em uma almofada de meditação. Apoie as mãos nas coxas e use os polegares para contar suas respirações, tocando nos outros dedos. Comece com o indicador da mão esquerda, depois passe para o médio, e assim por diante, contando até oito. Se estiver meditando com uma criança, pode diminuir a contagem para quatro.

Como funciona

Quando praticamos a Soul Sync, silenciamos a atividade química que ativa conflitos, nos movendo para um belo estado de relaxamento e calma.

- **PRIMEIRA ETAPA.** Comece inspirando profundamente e expirando devagar oito vezes. Enquanto estiver passando de uma respiração

Viva com uma visão espiritual 37

para a próxima, use os dedos para contar. É natural perder a concentração com frequência. Apenas retome o foco e continue a contar a partir do momento em que se distraiu. Quando você terminar a primeira etapa, seu sistema nervoso parassimpático estará completamente ativo. Esse tipo de respiração ativa o longo e sinuoso nervo vago, que sai do cérebro e interage com o coração, os pulmões e o aparelho digestivo. A ativação do nervo vago faz com que todo o sistema nervoso autônomo se acalme.

Seus batimentos cardíacos vão diminuir, e a pressão sanguínea se tornará mais equilibrada. Até seu sistema digestivo reagirá de modo positivo. De acordo com o Dr. Andrew Newberg e Mark Robert Waldman, esse movimento repetitivo consciente de nossas mãos também estimula o centro de coordenação motora cerebral, aumentando a eficiência do cérebro por inteiro. Ele facilita a formação de lembranças e a recuperação de memórias.

- **SEGUNDA ETAPA.** Inspire profundamente e, enquanto expira, emita o som de uma abelha em um tom grave. Solte o zumbido pelo tempo que for confortável para você e concentre-se totalmente no som. Isso aumentará seu relaxamento. Não force a expiração até perder o fôlego. Mais uma vez, repita as oito respirações completas. Essa parte da Soul Sync melhora a qualidade do sono e acalma a pressão sanguínea.

- **TERCEIRA ETAPA.** Observe a pausa entre a inspiração e a expiração por oito ciclos de respiração. Quando inspiramos e expiramos, um intervalo natural ocorre após cada inspiração, pouco antes da expiração começar. Observe o intervalo. Isso pode ser um pouco difícil. Porém, quando você começar a perceber essa pausa, vai sentir seus pensamentos se tornando mais lentos. Não tente forçar o intervalo, segurar a respiração ou exagerar os movimentos. A respiração deve ser natural e tranquila.

38   *Os quatro segredos sagrados*

- **QUARTA ETAPA.** Leve sua meditação além da calma e passe para a expansão. Nas próximas oito respirações, inspire e expire enquanto canta mentalmente "Ah-hum", que significa "Eu sou" ou "Eu sou consciência ilimitada" no antigo idioma do sânscrito.

- **QUINTA ETAPA.** Imagine ou sinta seu corpo se transformando em luz. Imagine o chão, a mesa, as pessoas ao seu redor — tudo — se expandindo em um único campo de energia. Nesse campo de consciência, tudo está conectado. Não há objetos separados, pessoas separadas, eventos separados. Você; todas as pessoas que já encontrou ou conheceu; todas as espécies de plantas ou animais que já existiram; todos os seus sonhos e esperanças; tudo que você já viu, sentiu, ouviu ou conheceu; tudo que já pensou ou concebeu — tudo existe como um campo unitário de consciência. Não há separação ou divisão. Nesse campo, o imaginário e a matéria são apenas um. O desejo e a realidade são apenas um.

- **SEXTA ETAPA.** Depois de mergulhar nessa expansão de luz infinita, comece a sentir ou imaginar seu desejo mais profundo como se estivesse acontecendo agora. Vamos supor, por exemplo, que o desejo seja curar seu relacionamento com um ente querido. Nessa fase, sinta e imagine a alegria que um relacionamento transformado traria a vocês dois. Ou, se seu sonho for começar uma nova carreira, veja e sinta a si mesmo nesse papel. Vivencie o estado em que você estaria ao realizar o sonho. Passe alguns instantes nesse espaço. Abra seus olhos e siga com seu dia quando estiver pronto.

O melhor momento do dia para a Soul Sync

Muitas pessoas praticam a Soul Sync assim que acordam, mas ela pode ser feita em qualquer momento. Alguns a executam pouco antes de tomarem uma decisão importante. Outros, quando precisam relaxar e se acalmar após um dia cansativo ou quando estão muito agitados.

Viva com uma visão espiritual 39

Você pode praticar por conta própria ou em grupo. Algumas organizações reservam o horário da manhã para a prática, a fim de se acalmarem antes de começar o dia. Algumas equipes usam a Soul Sync para determinar uma visão comum e canalizar suas forças coletivas para alcançá-la. Sugerimos que você se proponha a praticá-la pelo menos uma vez por dia, mas não se limite. Algumas pessoas chegam a fazer o exercício cinco vezes por dia. Também sugerimos que você jamais apresse a prática. É algo que demora cerca de nove minutos, mas deixará seu dia inteiro com um clima mágico.

Uma de nossas alunas, uma empresária que acabou de lançar uma nova start-up, decidiu que a Soul Sync seria uma prática diária de toda sua equipe. A cada 21 dias, eles determinam uma nova intenção compartilhada, na qual se concentram pelo próximo período de três semanas — o interessante é que a maioria das intenções se manifesta.

Vamos compartilhar um exemplo. Depois de determinar a intenção de manifestar grandes recursos, eles tiveram uma reunião com uma organização que buscava uma parceria. Após uma sessão de brainstorming, o presidente da organização ofereceu um investimento generoso para uma start-up daquele tamanho, além de espaço para co-working e apoio para marketing, assim como co-branding.

Mas não foi apenas esse apoio efusivo que estimulou nossa aluna. A experiência a ajudou a compreender o poder de uma consciência transformada — e o tremendo impacto que ela pode ter no mundo dos negócios.

"Foi inacreditável ver aquela pessoa olhando nos meus olhos de um nível superior e receber tudo que estávamos pedindo", contou ela. "Foi muito maravilhoso testemunhar a manifestação de uma intenção tão específica e clara de um jeito tão óbvio e exato, porque foi assim que pedi!"

Essa é apenas uma das muitas histórias de sincronicidades que escutamos todos os dias dos praticantes da Soul Sync. Vamos voltar para essa prática no fim de cada jornada da vida para demonstrar

40 Os quatro segredos sagrados

como ela pode ser adaptada para superar desafios e estabelecer intenções poderosas. Agora, chegou a hora de você embarcar na primeira dessas jornadas.

Para um guia em áudio em inglês da maravilhosa Soul Sync guiada por Preethaji, acesse www.breathingroom.com e faça o download do aplicativo ou acesse www.ooacademybrazil.com para uma versão em português.

A primeira jornada da vida: Cure a criança ferida

Por Krishnaji

A maioria das pessoas vive com uma claustrofobia autoimposta.

Talvez você mesmo já tenha passado por esse sofrimento. É como se uma multidão tivesse aparecido na porta da sua casa e anunciado que daria uma festa. Mas, nesse caso, não é uma multidão qualquer: o grupo invadindo sua sala de estar inclui todos que já lhe fizeram mal, que lhe magoaram, que lhe fizeram sentir vergonha de ser você mesmo.

E, de repente, essas pessoas começam a dar opiniões não solicitadas sobre a decoração da casa, a música que está tocando, e, bem, todas as decisões que você já tomou na vida! Elas são barulhentas, são críticas, e não querem ir embora.

Você faz de tudo para fugir da cacofonia de comentários maldosos. Mas é impossível ignorar essa gente, que, infelizmente, o vinho só tornou mais barulhenta.

Quanto mais você pede para irem embora, mais barulhentas elas ficam. Sem saber o que fazer, você fica paralisado. Claro, seria ótimo ter paz e tranquilidade. Porém, mesmo assim, após algumas horas dessa baderna, você se acostuma com os convidados indesejados — muitos deles são, afinal de contas, pessoas muito amadas: seus pais, seus irmãos, seus primeiros amigos.

42   Os quatro segredos sagrados

Ainda assim, quanto mais tempo esse pessoal permanece lá, mais cansado você fica. Começa a ser impossível distinguir as palavras, opiniões e ideias deles das suas próprias. Você passa a se sentir hesitante, tão arisco quanto um gato equilibrado sobre uma cerca. Se ao menos lhe restasse algum espaço.

Se ao menos você conseguisse se libertar.

Se ao menos você conseguisse voltar a se mover.

A vida é como um grande rio: sempre correndo para a frente, sempre nos apresentando novas oportunidades para amar, fazer conexões, se expandir. Porém, se quisermos seguir em frente junto com ela, precisamos nos libertar do passado que nos prende às margens lamacentas e estagnadas, onde é impossível seguir adiante.

Voltando para a analogia da festa, devemos fazer as pazes com os convidados indesejados que ocupam nossos corações e mentes. Devemos despertar para a dimensão da calma em nossa consciência. Devemos nos posicionar em um estado totalmente presente para as vozes que nos dizem que somos estúpidos, tolos, insignificantes — assim como as que nos dizem que estamos certos, e todas as outras opiniões estão erradas.

Como?

Curando a criança ferida que vive dentro de cada um de nós, congelada no tempo, seu choro abafado pela multidão barulhenta. Devemos manter a visão espiritual de abrir mão de tudo que já passou para nossa geleira interior derreter, libertando-nos da rigidez do passado.

Quando fizermos isso, será impossível retroceder. Nossa vida começará a fluir como um grande rio seguindo para o oceano — na direção de mais ordem, bem-estar e expansão.

Vamos começar.

Imagine que, enquanto espera na fila de um restaurante chique, você tropeça e desaba no chão. O silêncio cai entre os clientes, e suas bochechas coram de vergonha. Depois de ter se esforçado tanto para se arrumar e ficar elegante, um passo em falso revelou a verdade para o mundo:

Você não pertence a esse lugar, e todos sabem disso.

Cure a criança ferida   43

Muito tempo depois de o momento passar, a queda não sai da sua cabeça. A dor física foi mínima, mas a angústia emocional permanece por uma eternidade após você recuperar o equilíbrio. E quando a vida lhe oferece uma nova experiência, seus pensamentos continuam perdidos no caos. Você está se afogando na balbúrdia de seus próprios conflitos interiores.

Agora, imagine-se como uma criança aprendendo a dar os primeiros passos. Quando você cai e machuca o joelho, chora. Porém, assim que a dor física desaparece, outra coisa chama sua atenção. Você está pronto para a próxima experiência antes mesmo de as lágrimas secarem. É como se a dor nunca tivesse acontecido.

Esse é o belo estado de alegria de uma criança feliz. Assim como os pássaros não deixam sinais de sua passagem pelo céu, nosso passado não deixa rastros emocionais dolorosos. Há apenas uma folha em branco da consciência pronta para a próxima experiência.

A criança feliz e a criança ferida não são meras lembranças de nosso passado. Elas são o belo estado de ser e de sofrimento que ainda experienciamos, de maneira consciente ou não.

Todos fomos crianças felizes em algum momento da vida. Todos estivemos em um estado livre de medo e infelicidade. Como criança feliz, você não teme cometer erros. Não está preso em um turbilhão de tristeza autocentrada. Seus sorrisos são mais radiantes; sua risada, mais alegre; seu choro, livre; e você ama profundamente. A vida parece menos complicada. Uma convicção tranquila sobre sua capacidade de criar um belo destino surge — algo que não precisa de constante repetição ou afirmação de sua parte. O trabalho ou os relacionamentos não são mais encarados com hesitação ou indiferença.

Essa criança feliz é animadoramente inocente — e alegremente sincera!

Há um vídeo popular no YouTube com mais de 114 milhões de visualizações — https://www.youtube.com/watch?v=E8aprCNnecU — de um garotinho e sua mãe conversando sobre o amor — e biscoitos. O menino diz para a mãe que, apesar de *amá-la*, nem sempre *gosta* dela.

Ele só gosta da mãe quando ela lhe dá biscoitos!

44 *Os quatro segredos sagrados*

Mesmo que fôssemos jovens demais para lembrar, todos fomos essa criança feliz. Todos existimos nesse estado simples: gostamos das coisas que acreditamos trazer felicidade, e desgostamos das coisas que acreditamos trazer sofrimento. No belo estado da criança feliz, não importa se os sentimentos são "certos" ou "errados": eles são nossos. Eles são reais para nós. Como ainda não aprendemos a nos julgar por termos tais sentimentos, somos felizes.

Então o que faz o estado da criança feliz desaparecer? Como o estado da criança ferida ocupa seu lugar?

Bem, todos sabemos o que acontece depois que a criança feliz faz alguma observação sincera sobre o mundo. Os adultos riem da audácia inocente, e um pai, tio ou tia bem-intencionado comenta: "Meninos bonzinhos não se comportam assim. Meninos bonzinhos *sempre* amam os pais... e também amam comer legumes e fazer o dever de casa."

Apesar das boas intenções que as cercam, declarações desse tipo podem plantar sementes de dúvida, confusão e até humilhação na mente da criança. As experiências internas podem não ter mudado: ela ainda ama mais os pais quando ganha comidas de que gosta; ainda sente inveja do coleguinha com brinquedos melhores; ainda acha chatas certas atividades na escola.

Porém, agora, esses sentimentos causam vergonha.

O tempo passa. A criança cresce, mas frequentemente com muitos conflitos internos. Costumamos associar essa insatisfação com o processo natural de crescimento.

Mas e se esse estado de sofrimento for, na verdade, contrário às leis da natureza? E se existir uma maneira de voltar para aquele belo estado de alegria?

Qual é a sua verdadeira natureza?

Vamos compartilhar uma fábula dos Upanixades, uma série de antigos escritos indianos que oferecem grande sabedoria sobre a vida e a espiritualidade.

Uma leoa na floresta estava grávida. Ela sofria as dores iniciais do parto e pontadas fortes de fome.

De repente, notou uma ovelha e seu rebanho de carneiros que haviam se distanciado do vilarejo e entrado na mata. Faminta, a leoa pulou para abocanhá-los — porém, segundos depois, deu à luz seu filhote e morreu.

A ovelha achou que o leãozinho era mais um de sua cria e o acolheu. E ele cresceu entre o rebanho, acreditando ser uma ovelha também, balindo e comendo grama como todos os outros.

Desengonçado e inábil, o jovem leão se esforçava para imitar os irmãos. Ele tentava desesperadamente agir como os outros: alcançar os galhos mais altos das árvores para mordiscar folhas macias e seguir por caminhos montanhosos para comer grama fresca.

Porém, conforme o leãozinho crescia, foi assolado por uma grande tristeza. Ele sentia a necessidade de ser algo diferente, algo mais. Numa tarde, escutou o rugido de um leão ao longe. Então correu até sua mãe ovelha e perguntou:

— Será que um dia também vou conseguir rugir assim?

O que você acha que a ovelha respondeu?

— O leão ruge. Ele é o rei da floresta, e você é só uma ovelha. — Com um tom levemente frustrado, ela continuou: — Nosso papel é sermos mansos e cuidadosos. A vida é assim, e seria melhor abandonar essas fantasias. Você ainda nem aprendeu a pastar direito. Seja mais amigo dos seus irmãos e cresça.

Todos nós já não passamos por alguma versão dessa história?

Todos nós já não escutamos, de um jeito ou de outro, que devemos seguir uma vida de concessões emocionais? Já não nos fizeram acreditar que viver cheio de medo, solidão e estresse está certo, que todo mundo vive assim? Já não fomos incentivados a ignorar o que sentimos e seguir em frente com nossas obrigações diárias? De todas as experiências emocionais que tivemos na infância, a que mais impactou nosso senso de identidade foi nosso relacionamento com nossos pais ou com as pessoas que ocupavam esse papel. Dele saíram nossas primeiras experiências com amor, atenção, empatia, conexão e alegria.

46 Os quatro segredos sagrados

E também nossas primeiras experiências com rejeição, decepção e solidão. Essas situações precoces se tornaram nossos estados habituais e afetam a maneira como nos sentimos, como nos vemos e como encaramos e convivemos com as pessoas.

Alguns de nós tiveram pais maravilhosos e infâncias felizes, enquanto outros tiveram infâncias desagradáveis. Independentemente do clima geral em que as crianças crescem, pequenas rejeições e a sensação de terem sido negligenciadas já bastam para causar feridas emocionais profundas. E essas feridas não podem ser ignoradas, porque, quando acontecem com uma criança, as ramificações são intensas e duradouras, formando a base para o surgimento do estado da criança ferida.

Às vezes, menosprezamos as raivas ou mágoas infantis como uma tolice, algo irrelevante para nossa vida atual. Porque acreditamos sermos diferentes agora, versões modificadas de nós mesmos. Indivíduos independentes, fortes e responsáveis.

Mas se, por um instante, conseguirmos jogar fora qualquer máscara ou autoimagem pela qual geralmente nos apegamos, nos descobriremos de verdade, veremos o impacto real que nosso passado doloroso teve em nossa vida atual. E é apenas encarando essa verdade sem medo que a liberdade é possível.

Uma história de Sri Ramakrishna, um místico indiano que viveu cerca de 130 anos atrás, explica bem o impacto dos estados de sofrimento frequentes:

Um dia, duas mulheres foram ao mercado para comercializar seus produtos. Uma vendia flores, e a outra, peixes. No caminho de volta para casa, começou a chover pesado, então as amigas decidiram dormir na residência da vendedora de flores, que ficava mais perto.

Mas a vendedora de peixes não conseguia cair no sono. Tentando encontrar um motivo para sua insônia, a mulher notou a cesta de flores ao seu lado. Sorrindo, ela afastou a cesta, pegou a sua com os peixes velhos e fedidos, inspirou profundamente e logo caiu em um sono profundo.

Os estados que cultivamos na infância, tenham sido belos ou desagradáveis, acabam se tornando nossas propensões naturais.

Quando continuamos cedendo repetidamente às emoções habituais, um processo interessante surge em nosso cérebro. O neuropsicólogo Rick Hanson descreve o cérebro como um tecido com textura de tofu que vive dentro do crânio. Dentro dele, há mais de cem bilhões de neurônios, um trilhão de células de apoio conhecidas como neuroglias, e pelo menos cem trilhões de conexões neurais.

Nossos pensamentos e emoções — independentemente de estarmos cientes deles ou não — agem como impulsos elétricos se movendo em uma velocidade impressionante entre neurônios. Devido à capacidade plástica do cérebro, cada pensamento ou emoção flui como uma onda no mar, sem deixar impactos duradouros.

Porém, quando você cede aos mesmos pensamentos uma vez após a outra, acaba causando um impacto profundo nas conexões neurais, da mesma forma como as marés moldam a linha costeira. Não importa o cérebro que seus pais e a natureza lhe deram; é você, com seus pensamentos repetitivos e emoções habituais, quem esculpe seu próprio cérebro

Por favor, pause aqui. Respire fundo. Inspire pelo seu diafragma. Deixe seu abdome se projetar levemente para a frente. Solte o ar completamente, esvaziando os pulmões. Respire fundo desse modo algumas vezes.

Reconheça o estado no qual você passou boa parte do último ano. Se esse estado tivesse que se tornar seu parâmetro mental e emocional pelo resto da vida, você seria uma pessoa feliz ou infeliz? Por favor, veja a verdade.

Não tente mudar o que você está vendo sobre si mesmo. Qualquer tentativa de se forçar a parecer "positivo" é uma fuga. Talvez isso melhore seu humor por um tempo, mas é impossível transformar seu estado interior com apenas o desejo de mudá-lo. A transformação verdadeira só acontece quando você gradualmente incentiva seu cérebro a entrar em um estado de observação.

48 *Os quatro segredos sagrados*

Tente observar seu estado de consciência hoje. Com que frequência você se sente estressado, deixando de lado os belos estados de calma e alegria? Apenas reconheça. Não precisa fazer mais nada.

Reações da Criança Ferida

Não importa o que você tem descoberto sobre si mesmo, temos boas notícias. Esse conhecimento pode lhe ajudar a desfazer as conexões neurais que acionam os estados emocionais de estresse da criança ferida.

De acordo com pesquisas neurocientíficas, os circuitos do cérebro em desuso atrofiam. A boa notícia é que, graças à mágica do cérebro humano, os circuitos neurais que apoiam o belo estado de ser podem ser formados em minutos. Se você cultivá-los, terá um cérebro que alcança belos estados sem qualquer esforço, independentemente do que estiver acontecendo na sua vida.

Todos temos uma criança ferida interior. Ela vive no passado, agarrada a experiências dolorosas de nossa infância e juventude, congelada no tempo. E toma o controle nos momentos de decepção. Nos momentos em que nos sentimos desprezados, desconsiderados, desvalorizados.

Nós podemos ter crescido, mas a criança ferida vive em nossa consciência como um ser em estado de sofrimento. O tempo pode ter modificado nossa aparência e as circunstâncias de nossas vidas, mas será que também foi capaz de extirpar os estados de consciência desagradáveis que surgem de repente? Afinal, em momentos de desapontamentos, nossas reações internas não costumam ser as mesmas que tínhamos na infância ou adolescência? Nós não voltamos para os mesmos sentimentos?

É como quando estamos dando uma olhada no Facebook e descobrimos que alguns amigos estão em um show e não nos convidaram. O que sentimos nesse momento é diferente do que sentíamos na infância, quando nossos pais levavam nossos irmãos mais velhos ao cinema e nos deixavam em casa?

Ou imagine que você tenha presenciado seu pai frequentemente reagindo com raiva em relação a sua mãe. Na época, você sentiu raiva de si mesmo e jurou que, um dia, ensinaria a ele uma lição. Agora, sempre que vê duas pessoas brigando, a mesma raiva ressurge.

Quando a criança ferida está no comando, fechamos as portas de nosso coração para o amor e a confiança. Até nos educarmos a prestar atenção, pode ser difícil reconhecer quando é ela a estrela do show. Nosso estado de criança ferida nos engana e faz com que acreditemos que o estado de sofrimento é natural e razoável, levando em conta as circunstâncias.

Porém, na verdade, as circunstâncias não importam: qualquer engajamento com a tristeza é imprudente.

Mas e se começássemos a escutar o estado da criança ferida quando ele nos chama?

E se ajudássemos a libertar essa criança do sofrimento?

As duas faces da Criança Ferida

Jaya tinha uma família linda e uma carreira bem-sucedida. Ela construíra uma vida que ia muito além de seus sonhos mais loucos — uma vida completamente diferente da sua infância traumática, sendo criada por uma mãe alcoólatra e abusiva.

Nessa época, todos os dias eram um pesadelo, e ela frequentemente ia dormir com a barriga vazia. Após anos aguentando as agressões da mãe e bancando a salvadora dos dois irmãos mais novos, desesperada para acabar com aquela tortura, Jaya fugiu de casa aos 12 anos.

Apesar dos horrores de sua infância, ela nunca se permitiu assumir o papel de vítima. Pelo contrário, Jaya usou os maus-tratos que sofreu para se empoderar, convertendo o sofrimento em sua maior força e vantagem. Ela dizia a si mesma que tudo pelo que passara quando mais nova tinha servido a um propósito maior, e aproveitava todas as oportunidades para compartilhar sua história e motivar suas equipes. Ela dizia a si mesma que nada a manteria aprisionada no medo e na miséria.

Ela achava que tudo estava sob controle.

50 Os quatro segredos sagrados

Porém, Jaya só conseguiu se livrar de seu turbilhão interior décadas mais tarde, em um retiro na nossa academia. Durante uma jornada interior meditativa, a dor de seu passado se abriu com uma força inimaginável. Lágrimas escorriam pelo seu rosto. Era como se ela tivesse percebido que estava enganada. Completamente enganada. Sua imagem para o resto do mundo era a de uma mulher independente, que vencera sozinha na vida e não precisava mais de amor. Só que aquilo não passava de uma máscara.

Jaya nunca superara o sofrimento da infância. Ela apenas tinha glorificado seu sofrimento ao acreditar que os horrores e as crueldades que sofrera quando menina serviram a um propósito. Apesar de tentar aplacar a mágoa ao dizer a si mesma que seu passado a deixara mais forte, Jaya nunca se libertara dele. Suas inúmeras visitas aos traumas e seus esforços para reinterpretá-los apenas serviam para mantê-los vivos. Ela nunca deixou o passado para trás.

Os esforços fenomenais de Jaya para se tornar mais poderosa e bem-sucedida, apesar de impressionantes, eram impulsionados pelo estado de sofrimento da raiva: pela necessidade de provar que ela estava certa, e sua mãe, errada.

Conforme Jaya se conectava com seu interior enquanto repassava os momentos dolorosos do passado, percebeu que nada havia mudado dentro de si. A dor da infância não fora superada. Ela apenas a escondia de si mesma e exibia uma máscara para o mundo.

Por toda a vida, Jaya se dedicara a criar a imagem de alguém que não fazia questão de ser amada, que superara a necessidade de receber amor e se tornara uma pessoa independente, que vencera na vida por esforço próprio. Ela dizia a si mesma que era invencível e que superaria quaisquer obstáculos que surgissem em seu caminho. Na verdade, tinha o hábito de dizer que emoções eram uma fraqueza.

Porém, para sua grande surpresa, Jaya percebeu que, apesar de tanto tempo ter passado, seu senso de identidade ferido continuava o mesmo. Ela não estava realmente conectada com a vida. No âmago do seu ser, ainda era uma criança ferida.

Cure a criança ferida 51

Jaya não dormia mais de estômago vazio, porém a sensação de que ninguém se importava com ela permanecia. E apesar de ajudar muitas pessoas com obras de caridade, o que a motivava a seguir em frente era sua raiva contra a vida. A maneira como ela via a si mesma não mudara. O ressentimento e a mágoa que ainda sentia pela mãe se infiltravam em todos os seus relacionamentos.

Era muito difícil para Jaya se conectar com seu parceiro. Parecia impossível confiar nele e no seu amor por ela. E era nítido que ela se esforçava para amá-lo. Com os filhos, era uma mãe responsável. Mas só conseguia expressar seu afeto por eles transmitindo valores importantes e sendo rígida. Além disso, oferecia conselhos excelentes para aprimorar seus estudos e carreiras, porém nada mais.

Ela também tinha dificuldade em respeitar os integrantes de sua equipe, e não conseguia controlar a raiva quando os outros cometiam erros no trabalho, mesmo que fossem bobagens. A rotatividade de funcionários em sua empresa era grande.

Durante a meditação profunda, Jaya descobriu que não sabia como se conectar de verdade. Ela estava isolada do mundo e não se sentia próxima de ninguém em sua vida. Como poderia nutrir aquele belo estado em outras pessoas?

Ver a verdade sem mascará-la e sem tentar desesperadamente modificá-la foi o começo da metamorfose de Jaya. Hoje, sua infância não é mais um lixo radioativo poluindo sua mente. É uma memória aconchegada em um mar de calma interior.

Outro integrante de nossa comunidade, Andrew, também teve uma infância problemática. Nesse caso, ele foi ferido pelo pai — de modo tão profundo que passara a odiar o homem. Mas tinha dificuldade de aceitar isso, porque se agarrava ao ideal de que uma pessoa não odeia seus pais.

Durante a jornada de transformação de Andrew, quando perguntei se ele queria abrir o coração para se conectar com o pai, sua resposta veemente foi que não. Eu brinquei, dizendo que poderia ajudá-lo a odiá-lo ainda mais se essa fosse sua decisão consciente.

52   Os quatro segredos sagrados

Após uma longa caminhada pensativa, Andrew percebeu que, se escolhesse se desconectar, passaria o restante da vida sentindo a mesma frustração. Pela primeira vez, ele foi capaz de associar seus sentimentos sobre o pai com a raiva que penetrava todos os seus relacionamentos, incluindo os mais importantes.

Ele pensou na maneira como tratava a esposa, mesmo em momentos tão simples quanto escolher o almoço. Apesar de sempre perguntar "Aonde você quer ir?" a ela, todas as respostas que recebia o irritavam.

Se ela lhe desse três opções, ele escolheria uma completamente diferente.

Se ela dissesse "Você que sabe", ele ficava com raiva.

Se ela tomasse uma decisão, ele ficava com raiva.

Não importava o que a esposa fizesse ou dissesse, Andrew se sentia dominado, como se ela estivesse acabando com sua liberdade.

Ele concluiu que já havia passado metade da vida machucando a si mesmo; não queria passar o restante dela fazendo isso. Seu estado de criança ferida estava acabando com sua carreira e sua família. Andrew voltou da caminhada determinado a se libertar da mágoa e da raiva queimando dentro de si.

Eu deixei claro que curar seu coração não necessariamente significava fazer as pazes com seu pai. Essa era uma decisão que ele próprio poderia tomar após se libertar. Se uma reconciliação fosse dolorosa demais ou perigosa para sua saúde mental ou o bem-estar de sua família, o bom senso proibiria essa ideia. A jornada de perdão a qual me refiro envolvia curar a criança ferida interior e despertar para o belo estado da criança feliz.

Perdoar não se trata de aceitar todas as ações erradas ou conviver com a pessoa que lhe fez ou pode continuar lhe fazendo mal.

Perdoar é se libertar de tudo aquilo que o machuca.

Naquela noite, enquanto Andrew entrava em um estado profundo de meditação silenciosa comigo, várias memórias de decepções, ânsias e tristeza foram reveladas com profunda clareza e intensidade. Ele percebeu que sua criança ferida tinha desenvolvido três personas para receber a aprovação dos outros: às vezes, ele usava sua simpatia para ganhar a afeição

Cure a criança ferida 53

das pessoas; em algumas ocasiões, bancava o durão para conquistá-las; em outras, causava drama para chamar atenção. Porém, em todos os casos, o motivo por trás desses comportamentos era o mesmo: ele estava faminto por amor e aceitação.

Andrew podia até ter usado máscaras diferentes pelo caminho, mas, por baixo de cada disfarce havia a mesma criança ferida que queria apenas ser amada e receber atenção.

Seu desejo de ficar em uma posição vulnerável o preparou para o momento final da verdade. Andrew viu a realidade por trás de sua resistência a abrir mão da mágoa que mantivera a vida toda. No fundo, ele acreditava que abandoná-la seria o mesmo que perdoar todas as injustiças e os maus-tratos infligidos pelo pai. Que seria o mesmo que ignorar os anos de sofrimento e humilhação.

Enquanto analisava sua resistência com uma visão sábia, ele atravessou a barreira final; a raiva e o ressentimento caíram como a casca de uma amêndoa que se solta facilmente quando o fruto seca. A liberdade e o perdão vieram sem esforço agora que ele via sua verdade.

Em um estado de profunda calma, Andrew sentiu que uma presença sagrada permeava sua vida. Todas as pessoas que já amara, ignorara ou desgostara faziam parte dela, inclusive o pai. Depois, Andrew diria que essa presença parecia um amor que não tinha motivo para existir, mas que, mesmo assim, estava lá. Desde que curou sua criança interior, sua empresa de peças de carro cresceu muito. Ele perdeu a vergonha de fazer contato com desconhecidos para criar novas parcerias. A ansiedade constante de ser rejeitado por um possível cliente desapareceu. Ele diz que não sente mais medo de ser magoado. E que, por mais estranho que pareça, o mundo parece um lugar mais amigável.

Jaya e Andrew nos mostraram vidas muito diferentes. Ela usava a máscara de uma empresária tão bem-sucedida que vencera até a necessidade de ser amada. Porém, ao fazer isso, acabou incapaz de receber e oferecer amor. Jaya se tornou acostumada aos estados de insensibilidade e separação.

Andrew passou a vida em busca de afeto, mas, por estar em negação sobre seus estados de sofrimento, atacava os entes queridos.

Com essas histórias em mente, vamos observar nossa maneira de lidar com o estado da criança ferida.

Será que nos recusamos a prestar atenção ao estado ferido dentro de nós porque acreditamos que nossas experiências na infância não foram tão ruins ou que é inútil ficar remoendo o passado?

Ou exibimos nosso sofrimento e estresse como uma medalha, acreditando que eles nos transformaram na pessoa que somos hoje?

Será que estamos imersos em lembranças dolorosas, usando-as para justificar nossa raiva porque isso faz com que nos sintamos bem?

Ou será que esquecemos as lembranças, mas continuamos revivendo os *sentimentos* do nosso passado o tempo todo?

Esses comportamentos podem parecer diferentes, porém, em cada caso, estamos cedendo ao estado da criança ferida.

Por favor, pause aqui. Tome três respirações conscientes e lentas. Torne as expirações mais longas do que as inspirações. Como você vê sua infância – foi uma experiência estressante ou bela? Apenas observe seu passado fluindo pelo presente como vários estados de ser. Seja um observador.

Como acalmar as águas turvas da mente

Nossos corações não são compartimentos lacrados. Se não curarmos a criança ferida interior, sua tristeza e solidão vão invadir todos os nossos relacionamentos, todas as nossas interações. Essa dor também pode ser passada de geração para geração enquanto os pais, de modo inconsciente, ensinam os filhos a guardarem esse sofrimento.

Então, como nos libertamos dessa força?

Com compaixão.

Nós podemos nos perguntar, com amor e compaixão: Será que eu realmente quero fazer isso comigo mesmo? Quero viver nesse estado de sofrimento?

Porque quem está sofrendo sou *eu*. Claro, outra pessoa me machucou dez ou vinte anos atrás, mas *eu* estou sofrendo agora.

Sem dúvida, o estado da criança ferida pode parecer familiar, até reconfortante. Nós podemos nos tornar viciados na validação que recebemos quando falamos daqueles que nos magoaram. Podemos sentir prazer com nossa capacidade de resistir a tantas provações. Mas que tipo de pessoa estamos nos tornando no processo?

Em que estado queremos viver?

Se pudermos nos fazer essa pergunta de maneira sincera e corajosa, perceberemos que não queremos viver no estado de sofrimento por nem mais um dia, uma hora, um minuto.

Mesmo que você não acredite que está pronto para se libertar da dor do passado, por favor, não desista. Vamos ser gentis com nós mesmos quando esses estados de sofrimento surgirem, quando nos sentirmos estressados ou solitários, quando não quisermos abrir mão de nossa dor.

Por um instante, imagine: O que aconteceria se nos permitíssemos despertar para o belo estado de uma criança feliz?

O que aconteceria se nos permitíssemos amar e confiar de novo?

Não importa a força que nossa criança ferida tem sobre nós, conforme nos tornamos observadores passivos de nosso estado interior — do passado se transformando em presente —, a agitação interna se acalma.

Por favor, saiba que a lama assenta no fundo do lago se não a remexermos. As feridas de nosso passado não se curam quando a ignoramos ou quando a escondemos por trás de mensagens edificantes. Nossos corações se curam quando nos tornamos testemunhas de nosso estado interior.

56 Os quatro segredos sagrados

Ao fazer isso, despertamos para o belo estado da calma. Nós começamos a confiar na vida. O campo energético ao nosso redor se transforma, e atraímos mais abundância.

No estado da criança feliz, sentimos que o mundo inteiro é nosso. Desenvolvemos um senso de pertencimento e amor que transcende culturas, idiomas e etnias. Sentimos uma conexão geral. Somos amigos de todos.

Você se lembra da história que contamos sobre o leãozinho? Quando a escutamos pela primeira vez, achamos que era um dos contos mais tristes que já havíamos escutado.

Mas vamos lhe dar um final diferente agora. Um final feliz.

Quando a ovelha disse que o leão devia parar de sonhar, ele acreditou nela? Claro que sim: crianças acreditam naquilo que os adultos falam.

Alguns anos se passaram, e, um dia, um leão enorme viu o rebanho e começou a planejar seu ataque. Ao ver o grande animal, o leãozinho baliu com sua família e começou a correr. Chocado com o que via, o leão maior o alcançou e rugiu:

— Por que você está tremendo e balindo como uma ovelha? Por que está fugindo de mim? Você é um leão. Acorde!

O jovem se recusou a escutar e continuou tremendo e balindo. Então o leão maior o arrastou até um rio e mandou que olhasse para o próprio reflexo. Enquanto ele se observava ao lado do animal grande, uma força inacreditável atravessou seu corpo. Ele percebeu a força inerente do seu ser e soltou um rugido alto — um rugido que reverberou pela floresta. Na mesma hora, todos os outros animais caíram em silêncio.

Você é como esse jovem leão. Quando despertar para a força do belo estado de ser — a força verdadeira da consciência —, tudo na sua vida começará a mudar.

Assim como o rugido do leão silencia os animais inferiores, o rugido de compreensão do seu leão também silenciará seu doloroso caos interior.

E esse é apenas o começo.

Exercício Soul Sync: A cura da criança ferida

Vamos ver como adaptar a prática da Soul Sync para sair do estado da criança ferida e passar para o estado da criança feliz.

Antes de começar a prática, talvez seja bom determinar um objetivo ou pedir ao universo para lhe ajudar a tratar a si mesmo com compaixão. Talvez você não se sinta pronto para deixar ir a dor do passado — e está tudo bem. Tenha paciência consigo mesmo como se fosse uma criança pequena pedindo ajuda.

Siga da primeira à quinta etapa como descrito nas páginas 36-38.

1. Oito respirações conscientes.

2. Oito respirações conscientes, zumbindo durante a expiração.

3. Oito respirações conscientes, observando a pausa entre inspirar e expirar.

4. Oito respirações conscientes enquanto entoa "Ah-hum" ou "Eu sou" em silêncio.

5. Oito respirações conscientes enquanto imagina seu corpo se expandindo em luz.

Desta vez, na sexta etapa, você sentirá seu estado interior passar da criança ferida para uma criança feliz, capaz de amar, confiar e se conectar.

Respire devagar e sinta um brilho quente e dourado preencher seu coração. Sinta o amor despertar em seu peito. Sinta a criança interior sorrindo e se transformando em alguém feliz.

Sorria para si mesmo e para sua vida. No começo, talvez seu sorriso precise ser consciente e pensativo, porém, com o tempo, o belo estado de alegria virá sem esforço.

II.

O segundo segredo sagrado: Descubra sua verdade interior

∞

O segundo segredo sagrado: Descubra sua verdade interior

Por Preethaji

Todos nós aspiramos a grandeza — sermos ótimos pais, ótimos parceiros, ótimos profissionais, ótimos atletas, ótimos geradores de riqueza ou ótimos agentes de mudança. Mas tenho uma profunda convicção de que o florescimento total da nossa consciência deve ocorrer antes do universo começar a manifestar qualquer forma de grandeza através de nós. E essa transformação autêntica só é possível quando vivemos em comunhão com a verdade interior.

Sem a verdade interior, qualquer crescimento espiritual é apenas a busca por um ideal bonito; é poesia vazia perdida em palavras sem uma essência radiante para sustentá-lo.

Vamos explorar esse segredo refletindo sobre a história do pai da nação indiana, Gandhi, e o momento em que ele deixou de ser apenas Gandhi e se transformou em Mahatma Gandhi. Mahatma, que significa "a Grande Alma", é como a Índia vê o homem que foi um dos maiores influenciadores da história humana, um emblema da vitória dos fracos sobre seus opressores por meio do caminho da resistência não violenta.

Em 1893, Gandhi se mudou para a África do Sul com a ideia de se estabelecer como um jovem advogado. Pouco após sua chegada, ele precisou ir

62 Os quatro segredos sagrados

de Durban para Pretória, para um julgamento. Sua passagem de primeira classe foi comprada pelo correio.

Quando o cobrador branco o ofendeu ao se referir a ele como um "homem de cor" e um "peão", ordenando que pegasse seus pertences e fosse para a terceira classe, Gandhi se recusou, teimoso, afirmando que tinha um bilhete válido. O cobrador parou o trem e sem nenhuma cerimônia o expulsou do vagão e o jogou na plataforma gélida da pequena estação de trem de Pietermartizburg.

Vamos deixar um pouco de lado os fatos históricos e refletir sobre o estado interior de Gandhi enquanto ele tremia de frio e indignação. As observações a seguir são como eu e Krishnaji interpretamos o que aconteceu com Gandhi em sua primeira experiência transformadora mais importante.

Havia algumas opções possíveis enquanto ele fervilhava de humilhação. A primeira era abandonar completamente o plano de se estabelecer como advogado na África do Sul e voltar para a Índia, possuído de raiva. A segunda era engolir a vergonha e continuar seus esforços para ganhar dinheiro, como muitos outros fizeram antes dele. A terceira era ser tomado pela indignação, permanecer na África do Sul e planejar sua vingança pessoal contra o cobrador ou incitar uma rebelião raivosa contra o Império Britânico.

Gandhi escolheu a quarta opção: focar em seus estados de sofrimento de raiva e vergonha e dissolvê-los. E, nesse estado de calma, ele foi capaz de ir além de si mesmo e se conectar com multidões de indianos que sofriam opressões diariamente.

O que o levou a começar o movimento de resistência não violenta contra as injustiças na África do Sul não foi seu ódio pessoal contra os britânicos, mas uma compaixão profunda por seu próprio povo. Cinquenta e quatro anos após seu primeiro encontro importante com a verdade interior, Mahatma Gandhi liderou uma nação de mais de 390 milhões de indianos para a independência dos britânicos sem incitar violência nem derramamento de sangue. Foi uma luta guiada por um belo estado de ser.

Munidos com essa história, vamos mergulhar no segundo segredo sagrado.

Muitas pessoas no mundo acreditam que, para alcançar a grandeza, precisamos pensar em planos e estratégias, conhecer os passos de nossos oponentes e sermos melhores que eles.

Mas e se estivermos enganados? E se a primeira etapa para a grandeza for não planejar? E se a verdadeira grandeza começar com uma pausa — formando um relacionamento profundo com nossa própria verdade interior?

Muitos de nós estão desconectados do que acontece internamente. Há um erro fundamental que cometemos ao reconhecer a verdade de nossos estados interiores. Com frequência, confundimos estresse interno com paixão, preocupação com amor, raiva com inspiração, medo com inteligência.

Já vi muitas pessoas ficarem extremamente chocadas ao aprenderem a identificar de verdade seus estados interiores. Elas se surpreendem ao descobrir que estavam apegadas a emoções estressantes apesar de a lógica ditar que isso era imprudente. E se tornam acostumadas aos estados perturbados por não saberem como sair deles ou por simplesmente não conseguirem imaginar outra maneira de viver.

Quando estamos muito distantes daquilo que sentimos, é fácil confundir estados de sofrimento com motivação ou inteligência. Por exemplo, há quem use a raiva ou o estresse como forma de se motivar. Encaramos a fúria ou a ansiedade como uma ferramenta. Quando olhamos para trás e observamos algumas das conquistas alcançadas nesses estados, fica fácil se viciar na raiva e se tornar dependente das frustrações. Nós passamos a acreditar que é impossível criar ou alcançar o sucesso sem esses sentimentos.

E então existem os viciados em se preocupar. A única forma que conhecem para demostrar amor é se obcecando com a saúde, o futuro e as conquistas de seus entes queridos. Em muitas famílias, é assim que os pais expressam amor pelos filhos. E essa é a maneira que muitos de nós aprendem a demonstrar afeto por nossos próprios parceiros, amigos e filhos.

64   *Os quatro segredos sagrados*

Mas isso não deixa de ser um estado de sofrimento da consciência.

Há ainda aqueles que foram ensinados a se concentrar mais no estado interior dos outros do que nos seus próprios. Mesmo que não externem que culpam terceiros por seu desconforto, seu primeiro instinto é tentar compreender as outras pessoas antes de si mesmos. Por mais carinhosa que essa abordagem pareça, se você for incapaz de se conectar consigo mesmo, nunca vai conseguir se conectar com mais ninguém.

O que acontece quando somos impulsionados por esses estados de consciência? Talvez seja possível conquistar sucesso, mas o caminho até lá será tão difícil que cobrará um preço alto. Faremos inimigos pelo percurso, teremos problemas de saúde, ou simplesmente nos tornaremos incapazes de aproveitar aquilo que criamos. E as pessoas ao nosso redor também não terão permissão de aproveitar. Se acreditarmos que o estresse e a ansiedade nos motivam, faremos com que nossas equipes e famílias vivam estressadas conosco.

A sociedade com certeza perpetua ideias como a do sofrimento ser uma benção e a luta ser fundamental para o sucesso. Pense em quanto reverenciamos a ideia do "artista atormentado" ou dos líderes que "sofreram até chegar ao topo". Mas e se o sofrimento não tiver relação alguma com o sucesso desses indivíduos? E se, na verdade, ele tiver impedido que muitos de nossos heróis e gênios colhessem os benefícios de suas maiores conquistas? E se tiver sido a "libertação do sofrimento" o que realmente levou essas pessoas à grandeza, e ninguém tenha se dado conta disso?

Então o que é a verdade interior?

A verdade interior: Uma luz na escuridão

A verdade interior não é uma confissão que fazemos para outra pessoa. Não é uma política de discurso honesto. É algo muito mais profundo e poderoso.

A verdade interior é uma percepção e mais do que uma percepção. É uma observação sem julgamentos do que está acontecendo *dentro de*

Descubra sua verdade interior 65

você enquanto pondera duas revelações íntimas sobre o sofrimento — revelações como as da história sobre o despertar de Krishnaji em Big Bear Lake. Essas conclusões extremamente potentes agem como uma lanterna no escuro, revelando sua verdade interior e removendo você das garras do sofrimento.

A primeira revelação é que existem apenas dois estados de consciência nos quais podemos estar em determinado momento: você está ou no estado de sofrimento ou no belo estado de ser. Não há um terceiro estado de ser.

A segunda é que todos os estados de sofrimento se perpetuam na auto-obsessão.

Vamos compartilhar uma história simples sobre como uma de nossas alunas começou sua jornada rumo à verdade interior. Na maioria das vezes, o encontro com a verdade interior talvez não seja tão histórico quanto o de Mahatma Gandhi. Mesmo assim, cada aspecto de nossas vidas é tocado pelo extraordinário quando nos alinhamos com o segundo segredo sagrado.

Duas mulheres, Christina e Lee, jantavam em nosso campus quando tocaram no assunto de sofrimento.

— Sofrer é uma escolha — disse Christina, uma executiva que havia superado muitos desafios na vida.

Quando Lee, uma líder comunitária que passara a carreira toda defendendo os pobres, ouviu aquilo, ficou incomodada.

— É muito fácil para você pensar assim, sentada em um salão com ar-condicionado cheio de pessoas ricas e perfumadas!

Christina se sentiu tão humilhada que foi embora.

Quando a encontrei mais tarde naquela noite, ela parecia muito melhor, então perguntei o que havia mudado.

— Compreendo Lee e o trabalho que ela faz — respondeu Christina.

— Quando a entendi, meu sofrimento desapareceu. Eu me sinto melhor.

— Você teve essa percepção hoje, Christina — comentei. — Mas e se, mais tarde, alguém lhe apresentar provas irrefutáveis de que Lee é, na verdade, muito arrogante? Como você se sentiria? Irritada e amargurada de novo? O que aconteceria com você? Sua "liberdade" não pode depender da

66 *Os quatro segredos sagrados*

compreensão sobre outra pessoa. Ela precisa surgir da sua própria verdade interior. Precisa começar com o reconhecimento do seu estado no instante em que se incomodou com o que Lee disse. Então, em que estado exato você entrou quando saiu do refeitório?

— Eu estava em um estado de sofrimento. No começo, eu me senti humilhada e chocada. Aos poucos, isso se transformou em raiva — respondeu ela.

— Se você se observasse nesses estados com ainda mais atenção, qual seria seu processo de pensamento nesses momentos?

Christina pensou um pouco antes de responder:

— Fiquei chateada por ter sido eu quem sustentou Lee financeiramente quando a filha dela adoeceu alguns meses atrás. Como ela ousa me ofender daquele jeito na frente de todo mundo! Lee tirou vantagem da minha bondade. Que ingrata! É bem feito para mim, para eu aprender a tomar mais cuidado com as pessoas e não acreditar em todo mundo.

— Você pode parar um instante, Christina, e observar que, independentemente de se sentir ofendida, chocada ou irritada, seu estresse se perpetuou devido à sua obsessão? Se você conseguir ver a verdade de sua auto-obsessão nesse momento de sofrimento, há um desembaraço natural do seu sofrimento.

Esse foi o começo da jornada de Christina rumo à verdade interior.

Não há nada inerentemente errado em tentar compreender a perspectiva de outra pessoa.

Mas isso é diferente da verdade interior.

Esta é uma grande diferença entre muitas práticas de autoajuda e o segredo sagrado da verdade interior. Quando você sentir uma perturbação surgindo, não tente mudar nada. Não justifique o sentimento ao tentar lhe dar explicações. Não o julgue.

Resista à tentação de tentar pensar em motivos fora de si mesmo.

Apenas perceba que seu estado interior está sendo alimentado pela sua obsessão por si mesmo. Você não está tentando solucionar um problema de verdade ao ficar remoendo o assunto em estados de sofrimento. Você está apenas obcecado por si mesmo. Se você se perceber fazendo isso de novo, o poder da verdade começará a agir. Sua vida se abrirá para sincronias ainda maiores.

A verdade não se trata de modificar emoções. O mundo interior é estranho e não cede a agressões. Você não conseguirá vencer a ansiedade ou a solidão por meio de agressão ou truques. Tudo que pode fazer é observar as sensações que surgem de maneira passiva. Seu próprio processo de observação quebrará a corrente dos estados de sofrimento. Eles se dissolverão, e uma bela calma ou alegria emergirá e tomará seu lugar. Você só precisa testemunhar seu estado em vez de lutar, manipular ou mudar de rumo.

Então devemos tentar nos agarrar às boas emoções quando *elas* surgem? Devemos almejar emoções perfeitas, puras e agradáveis?

Você já esteve em um templo hindu antigo? Eles são decorados com imagens transcendentais de deuses, sábios e santos místicos em oração. Os templos também exibem cenas rotineiras de pessoas pastoreando gado e de mães penteando o cabelo dos filhos. Em meio a isso tudo, também há imagens de homens e mulheres em poses provocantes, assim como demônios horríveis com barrigas proeminentes, dentes enormes, olhos raivosos e rostos cruéis.

Você com certeza não esperaria encontrar esse tipo de coisa em um lugar tão sagrado, não é? O templo devia exibir apenas imagens puras, transcendentais, celestiais. Mas um templo hindu retrata elementos do sagrado e do comum, da luxúria e da satisfação, da raiva e da paz, dos poderosos e dos submissos.

Você está se perguntando por quê? Essas estruturas representam a totalidade da experiência humana.

A verdade interior só pode acontecer quando você leva atenção pacífica a toda sua mente, não apenas ao positivo. A prática da verdade interior é o maior ato de compaixão que você pode ter consigo mesmo.

As emoções podem se dissipar ou aumentar. No entanto, quando cedemos à ânsia da obsessão por nós mesmos, tornamo-nos paralisados

68 *Os quatro segredos sagrados*

pela dor. Nós alimentamos a raiva, a tristeza, ou o sofrimento até eles se tornarem nosso estado padrão.

A obsessão por si mesmo é como uma doença que limita a compreensão do mundo. Quando ela toma conta, você passa a enxergar as coisas por um ponto de vista extremamente limitado. Em um estado assim, como lidar com os problemas de modo inteligente?

Vamos ver o que acontece quando deixamos a preocupação por nós mesmos tomar as rédeas da maneira como nos relacionamos com nossos entes queridos.

Um participante e sua namorada estavam presentes em uma sessão de perguntas e respostas no primeiro dia de um curso da academia. Os dois tinham trinta e poucos anos. Ele disse:

— Não estou aqui por minha causa. Vim pela minha namorada. Vamos ficar muito felizes se vocês conseguirem ajudá-la. Sou muito corajoso. Sou um homem que encara o medo de frente. Eu exploro cavernas, faço bungee jumping, voo de parapente. Faço tudo que me desafia. Minha namorada, por outro lado, é tímida. Ela não gosta de aventuras. Vocês podem mudá-la para a gente se divertir juntos?

Krishnaji não respondeu a sua pergunta. Ele sabia que o homem descobriria a resposta antes do fim da semana. Em vez disso, quis saber:

— Você realmente acha que não sente medo? Será que ser ousado e ser livre de medo são a mesma coisa? Por que você não tira um tempo para observar a verdade do seu estado interior em relação ao seu namoro?

Após dois dias, o homem compartilhou sua revelação com um dos professores da academia. Ele disse:

— Eu morria de medo só de pensar em enxergar a verdade. Por algum motivo, a ideia era muito assustadora.

Então ele se agarrou a essa revelação e começou a observar seu mundo interior.

— Nos últimos três anos, eu partia do princípio de que era o amante mais generoso do mundo — contou o homem a Krishnaji. — E dizia para mim mesmo que ninguém a amaria tanto quanto eu. Mas quando

Descubra sua verdade interior 69

comecei a ver minha verdade interior, infelizmente eu odeio dizer que passei boa parte do tempo obcecado comigo mesmo. Para mim, amar minha namorada significava pensar nela o tempo todo e desejar que ela estivesse pensando em mim. Eu precisava que ela admirasse tudo que eu fazia. Mesmo durante o curso, quando eu respondia à alguma pergunta, ficava olhando para ela de vez em quando, buscando sua aprovação. Eu esticava a mão para pegar a dela. E se, por algum motivo, não a recebesse, ficava maluco: Por que minha namorada não se sentia confortável com meu toque? Será que ela não me amava?

"Foi muito doloroso encarar que boa parte do meu namoro é baseada nos estados de sofrimento de insegurança e possessão; tudo girava em torno de mim. Eu estou apavorado de ela mudar; não quero que se torne uma mulher. Quero que continue sendo aquela garota que está sempre animada. Quando a escuto dizer algo mais maduro ou contido, fico com medo. Acho que meu amor por ela está diminuindo. Então tento surpreendê-la com um presente ou algo diferente. Algo completamente inesperado para convencer *a mim mesmo* de que a amo. E para convencer *a ela* de que a amo."

Nos dias e semanas seguintes, enquanto esse homem se estabelecia pacificamente em sua verdade interior, o namoro dos dois se transformou. Não se tratava mais de duas pessoas carentes e grudentas tentando manter o fogo da paixão. Agora, eles eram dois indivíduos completos, olhando na mesma direção, pensando em criar uma família amorosa. Sete anos depois, seu amor permanece inabalado.

Se você praticar o segredo sagrado da verdade interior, pode evitar muitas separações e perdas. Pode evitar muitos erros caros. Você abandonará o vício de viver no passado. A experiência de viver se torna mais bonita. Lembre que praticar a verdade interior não o tornará imune a entrar em sofrimento novamente. Mesmo assim, ela detém o poder imenso de desgastar o hábito de uma vida de chafurdar no sofrimento, assim como a água corrente suavemente exerce seu poder de desgastar a mais dura rocha no caminho do oceano.

70 Os quatro segredos sagrados

Cada um de nós cultivou certos estados de sofrimento habituais: ansiedade e estresse, raiva, decepção, inveja, indiferença... Se você não praticar o segredo sagrado da verdade interior, essas emoções vão sair do controle. Como ervas daninhas, elas sufocarão tudo que é belo em sua vida.

Você pode se sentir chateado com seu parceiro, irritado com seus pais, distante de seus irmãos ou decepcionado com seus filhos. Essa desarmonia nos faz sofrer. Porém, em vez de lidar com a situação de modo inteligente para criar harmonia, sentimos pena de nós mesmos ou colocamos a culpa nos outros. O tempo todo, estamos preocupados apenas com a injustiça que sofremos.

Imerso na obsessão com seu próprio sofrimento, você não consegue encontrar soluções para os desafios da vida. Passa a ser impossível se conectar com seu propósito verdadeiro. Por que você se casou? Por que teve filhos? Que espaço quer que seus pais tenham em sua vida? Qual é a base da sua conexão com seus amigos?

Digamos que estejamos lidando com uma situação frustrante no trabalho que realmente nos tira do sério. Se parássemos e observássemos a verdade sobre nosso desconforto, a raiva desapareceria. Em um estado de consciência calmo, podemos enfrentar a situação com uma perspectiva mais profunda que viria de perguntas como: Qual é o propósito do nosso trabalho? Como impactamos os outros com aquilo que fazemos? O que nossos colegas de trabalho significam para nós?

Mas quantos de nós tiram esse momento para sair da obsessão por si mesmo?

Ou lembre-se da história de nossas alunas Lee e Christina. Christina pelo menos tentou se separar da raiva; de muitas maneiras, ela estava no caminho certo. Mas pulou uma etapa fundamental: não observou sua própria verdade interior. Ela não entrou completamente no templo dentro de sua mente — aquele que é cheio de divindades e demônios, filantropos e ladrões, beleza e feiura.

Em todas as situações da vida, os problemas não irão persistir e aumentar por causa dos outros, mas por *sua* causa — por sua dedicação a si

Descubra sua verdade interior 71

mesmo. Absorvido em pensamentos autocentrados, você deixa de notar a simplicidade dos desafios que enfrenta. A vida se torna complexa demais. Mas não precisa ser assim.

Tudo isso pode parecer muito estranho. Tantos de nós aprenderam que devem solucionar os problemas para se livrar do sofrimento. Mas a verdade é o oposto: se você quiser acabar com as dificuldades, comece por permitir que seu sofrimento se dissolva.

Um tempo atrás, Krishnaji convidou Diego, um amigo, para um processo especial aqui no campus. Havia dois anos que ele perdera o filho devido a uma overdose de drogas proposital. O rapaz tinha apenas 19 anos quando morreu, mas esteve anos deprimido antes de decidir acabar com a própria vida. Ele não conseguia aceitar o fato de que o pai trocara a mãe por outra mulher. Seu relacionamento com a madrasta não era dos melhores, o que causava brigas com o pai. Diego acabou se tornando insensível e frustrado com o filho, distanciando-se emocionalmente dele.

Na véspera da morte do rapaz, os dois jantaram juntos. Durante a refeição, ele disse:

— Pai, você nunca mais vai me ver.

Diego presumiu que o filho tentava provocar outra briga. Porém, na manhã seguinte, recebeu a notícia.

Arrasado e incapaz de perdoar a si mesmo, ele foi tomado pela culpa e pela depressão. Quando finalmente visitou nossa academia, já começava a ter pensamentos suicidas. Tinha se distanciado da esposa e dos três filhos mais novos. Perdeu o interesse no trabalho. Foi demitido. Estava gastando todas as suas economias. Sua saúde ia de mal a pior. Enquanto ele se confidenciava com Krishnaji, quebrou em lágrimas. Diego disse que queria se castigar, e a única maneira que tinha de reparar seu erro era sofrer até morrer. Ele via a morte como uma forma de reencontrar o filho e pedir perdão.

Krishnaji desenhou um processo para ajudá-lo a se libertar. Durante esse período, Diego passou a compreender que todo o sofrimento, a raiva e a culpa eram apenas uma fixação por si mesmo. Até então, ele acreditava

72 Os quatro segredos sagrados

que só poderia amar o filho se vivesse imerso na culpa. Já tinha decidido que estava destinado a sofrer pelo resto da vida.

Diego ficou chocado ao descobrir que aquilo não era amor, mas uma obsessão sem sentido. Ele agora era incapaz de se conectar de maneira pacífica com as lembranças do filho ou com a esposa e os caçulas em casa. Seus pensamentos giravam apenas em torno de si mesmo.

"Por que fui tão cego? Por que ignorei todos os sinais que ele deu? Por que me tornei tão egoísta? Não mereço viver e ser feliz. Ele morreu por minha causa. Matei uma criança inocente. Eu o trouxe para este mundo e não consegui cuidar dele. Sua morte foi minha culpa. Nunca vou me perdoar... Ah, por que fui tão cego?"

Fazia meses que esses pensamentos giravam na cabeça de Diego.

Quando ele viu a verdade — e viu que aquilo era uma obsessão por si próprio, não amor —, a culpa desapareceu sozinha. Diego notou como se afastava dos membros da família que continuavam vivos. Inconscientemente, seguia o padrão que seguira com o filho.

Após se livrar da culpa, Diego sentiu uma calma profunda. O diálogo mental desnecessário e incessante havia parado. Em uma meditação subsequente com Krishnaji, ele sentiu a presença do filho, pediu perdão por todos os momentos de distanciamento e ausência emocional. E sentiu o filho se fundir ao seu coração. Após a experiência, declarou:

— Não preciso morrer para me conectar com meu filho. Ele foi e sempre será parte de mim.

Sua guerra consigo mesmo havia acabado.

Com esse sentimento de conexão, Diego se perguntou: "Há alguma coisa que posso fazer em memória de meu filho? Posso contribuir com o mundo de algum modo que o deixaria feliz?"

Então se lembrou de como o filho amava ser DJ. Ele decidiu que organizaria competições em sua cidade, encontraria os melhores talentos e se esforçaria ao máximo para promovê-los. Esse seria seu presente para seu filho.

Com frequência, notamos em nossas vidas e nas vidas de vários alunos que, quando nos liberamos do sofrimento de maneira consistente, soluções mágicas surgem do nada. Desafios duradouros tendem a desaparecer. A depressão e a ansiedade perdem a força.

É claro que a sensação de estarmos livres do sofrimento já é uma recompensa por si só; mas, se além dessa liberdade nós também seguirmos os passos descritos neste livro para cultivar os belos estados de amor e conexão, o apoio subsequente que receberemos do universo será uma benção incrível. Assim, quero compartilhar uma prática que lhe ajudará a sair da obsessão por si mesmo e passar para um belo estado de serenidade.

A prática da Mente Serena é usada por muitos líderes e buscadores espirituais — até mesmo por adolescentes e crianças — no mundo todo. Eles reportam que, desde que a transformaram em um hábito, as situações ao seu redor parecem se resolver de modo mágico, e que acabam reagindo aos desafios de maneiras que nunca teriam imaginado antes.

Esse é um método muito simples e extremamente eficaz para prevenir que estados limitados se transformem em estados obsessivos. Quando praticado em momentos de conflito, ele o tira da confusão e o leva para a clareza. Você entrará em um estado de mais tranquilidade, no qual revelações sobre os desafios da vida se apresentam.

A prática da Mente Serena

- **PRIMEIRA ETAPA.** Sente-se imóvel.

- **SEGUNDA ETAPA.** Tome três respirações profundas com total atenção.

- **TERCEIRA ETAPA.** Observe seu estado até descobrir a emoção exata que está sentindo.

74   Os quatro segredos sagrados

- **QUARTA ETAPA.** Observe a direção do fluxo dos seus pensamentos. Você está obcecado com o passado? Está projetando um futuro caótico? Ou está no momento presente?

- **QUINTA ETAPA.** Visualize uma chama minúscula no centro de suas sobrancelhas, e a veja se movendo na direção do centro de seu crânio. Imagine a chama flutuando no meio do vazio.

Para ouvir o áudio em inglês da prática da Mente Serena guiada por Preethaji, acesse o site www.thefoursacredsecrets.com e encontre mais informações sobre a versão em audiobook deste livro.

A melhor parte dessa prática poderosa é que ela **só demora três minutos** — e pode ser feita em qualquer lugar, em qualquer momento. Você pode usá-la para avaliar a si mesmo rapidamente no meio de uma briga com seu filho ou parceiro. Pode usá-la para desanuviar seus pensamentos antes da próxima reunião importante, caso comece a se sentir confuso ou ansioso. Pode usá-la para superar a resistência a sua sessão matinal de ioga ou exercícios físicos. Lembre-se de que uma pausa de três minutos é a única coisa necessária para voltar à vida com um foco e uma energia renovados.

Você saberá que alcançou uma Mente Serena quando não estiver mais obsessivo em relação ao passado ou projetando preocupações para o futuro. Quando estiver pronto para aceitar o que quer que o presente ofereça com tranquilidade e facilidade.

Munido com a compreensão sobre como acessar sua própria verdade interior, você agora está pronto para embarcar na segunda jornada da vida.

Vamos começar.

∞

A segunda jornada da vida: Dissolva a divisão interior

Por Preethaji

Quando nossa filha, Lokaa, tinha 5 anos, sua professora de inglês lhe deu um poema chamado "Inside-Outside"*, de Abigail Griffith, que começava assim:

Meu interior e meu exterior
São completamente diferentes

O poema continuava descrevendo todas as formas em que a aparência física da personagem contrastava com a maneira como ela se sentia sobre si mesma.

A tutora pediu a Lokaa para escrever sua própria versão.

Vinte e cinco minutos depois, sem que minha filha conseguisse escrever nada parecido com o proposto, a tutora me entregou o poema dela e disse:

— O poema que Lokaa escreveu é bem diferente do original, mas você vai gostar mesmo assim.

E foi embora.

---

* "Dentro-Fora", em tradução livre. [N. da T.]

76 Os quatro segredos sagrados

Aqui vai o que Lokaa escreveu:

Sou tão bonita
quanto uma abelha que faz mel
Não quero ser ninguém
além de mim.

Sou esperta e inteligente,
Boa e gentil,
Por que devo mudar
o que já é nota mil?

Quero ser amiga
de todos que são bons
Eu sou eu,
e você é você!

O poema-modelo retratava uma pessoa com duas vozes interiores, enquanto Lokaa não tinha essa divisão dentro de si. Quando as pessoas a conheciam, encontravam alguém em um belo estado de ser — mas essa experiência não se limitou apenas à sua infância. A clareza mental e a ausência de conflitos permanecem até hoje.

Talvez muitos de nós tenham sido assim na infância. Todos nós já nos entregamos por completo, sem qualquer vergonha, enquanto dávamos um abraço em um ente querido. Já nos deleitamos com a sensação de acariciar os pelos de um cachorro ou com o gosto de uma fruta. Já contemplamos os arco-íris formados pelo sol em uma gota de água. Os prazeres simples da vida humana maravilhavam nossos sentidos. Nós éramos alegres, completos, inteiros.

Em algum momento pelo caminho, muitos se tornaram indivíduos divididos, cheios de conflitos, e a auto-obsessão se instalou. De inúmeras maneiras, nossa sociedade acentua esse senso de separação. Aqueles que

Dissolva a divisão interior 77

foram educados em um sistema baseado em notas de prova e rankings aprenderam a comparar, competir, julgar. Fomos educados a encarar nossos colegas como competidores, não como amigos.

Não travamos uma batalha apenas contra outras pessoas. Nós também aprendemos a lutar contra nós mesmos. Mentalmente, começamos a pintar a imagem das pessoas que queríamos ser e ficávamos frustrados quando não cumpríamos essas expectativas. Sem percebermos, nós nos tornamos pessoas ávidas por agradar os outros ou se autoafirmar. Nessa ânsia por tornar apenas o outro feliz, vivemos com medo de desagradar as pessoas, passando a tomar decisões e atitudes que evitem conflitos. Quando queremos nos autoafirmar, relembramos nossas dores passadas, ensaiamos conversas irritadas inventadas, tomamos decisões apenas para provar que aqueles que nos magoaram estavam errados. Nós nos acostumamos tanto a viver em guerra que esquecemos que podemos existir de outra maneira.

Mas, afinal, como é que nos tornamos tão desconectados do nosso belo estado de integridade? Quando paramos de agir como os seres graciosos que realmente somos? Como nos tornamos indivíduos tão preocupados com nós mesmos?

Por que sou infeliz?

Para quem você acorda pela manhã? Com quem passa todos os momentos da sua vida, até mesmo em seus sonhos? Quem lhe faz companhia quando você está sozinho ou enquanto convive com os outros?

Você mesmo.

Você se ama? Você se cuida? Ou é crítico e intolerante consigo mesmo? Você é seu melhor amigo?

Pense no que acontece quando se irrita com um amigo, um parente ou um colega. Você tenta mudá-los. Dá conselhos, diz que não vai tolerar aquele comportamento. Talvez até reze para que mudem. Caso eles se recusem, você pode se distanciar. Passa a fazer menos planos para se encontrarem, demora mais para retornar ligações. Se as coisas chegarem a um ponto intolerável, talvez até corte relações por completo.

Mas e se a pessoa que lhe desagrada for você mesmo?

E se a pessoa com o comportamento detestável for você mesmo?

E se a pessoa odiável for você mesmo?

Pause aqui. Inspire profundamente e expire bem devagar algumas vezes. Em silêncio, direcione o holofote das suas atenções para o seu relacionamento consigo mesmo. Leve sua atenção para os momentos em que sentiu um belo estado de carinho e respeito por si. Respire fundo e permaneça em estado de observação desses momentos.

Agora, leve sua atenção para os momentos em que você passou por estados de descontentamento e aversão por si próprio. Respire fundo e permaneça em estado de observação desses momentos.

Com certeza, você já sentiu uma bela conexão consigo mesmo algumas vezes. E simplesmente se amou do jeito que é.

Também é provável que tenha passado por momentos de tristeza ou desconforto interior. Neles, talvez tenha buscado soluções e fugas externas, ou aceitado a guerra interna como "normal", esquecendo-se de que esse guerreiro não é você; você é um ser belo. Você não é uma ovelha com medo de morrer na selva; você é um leão.

Se não tivermos um belo relacionamento com nós mesmos, tudo em nossa vida — a maneira como andamos, a maneira como falamos, nossa voz, nosso raciocínio e nossas tentativas de alcançar sucesso — será atingido pelo incômodo da insegurança. Como seria possível conquistar qualquer coisa quando estamos presos nesse estado de sofrimento? Precisamos nos livrar dele.

Dissolva a divisão interior 79

Incapazes de lidar com esse abismo interno que só aumenta, muitas pessoas tentam desesperadamente moldar e remoldar seus corpos. Milhões recorrem a narcóticos, bebem álcool, cogitam se suicidar ou realmente o fazem.

E, ainda assim, por mais que busquemos soluções externas para mudar como nos sentimos sobre nós mesmos, não há qualquer prova da existência de seres humanos que tenham encontrado a felicidade enquanto brigavam consigo mesmos. Afinal de contas, se você passar a maior parte do tempo nesse estado de guerra, como terá forças para aproveitar seus relacionamentos, seu dinheiro, seu tempo livre ou seu sucesso?

O que mais acontece quando não temos paz interior?

Você brincava de pique-pega quando era criança? Na minha versão da brincadeira, nós formávamos um círculo, alguém ficava no centro e dizia "Uni, duni, tê, o escolhido foi você...", eliminando um competidor por vez até o último virar aquele que tinha que pegar os outros.

O que nós estávamos fazendo? Em vez de tomar uma decisão clara, permitíamos que a sorte decidisse. Ninguém precisava se responsabilizar pela escolha de quem perseguiria os outros.

Se nosso interior não estiver em harmonia, é comum que essa seja a maneira como lidamos com a maioria das decisões importantes da vida, mesmo quando adultos. Somos indecisos porque os estados de sofrimento nos fazem perder a fé e o respeito por nós mesmos e nossas decisões. Continuamos a brincar de "uni, duni, tê" no processo de encontrar empregos, cônjuges ou parceiros de negócios. Simplesmente não conseguimos tomar decisões ou fazer escolhas confiantes.

E mesmo quando escolhemos, continuamos na dúvida. Questionamos se amamos a pessoa certa, às vezes até quando estamos no mesmo relacionamento há três anos. Questionamos nossa escolha de carreira após uma década no emprego. Questionamos nossa formação na faculdade muito tempo depois da formatura. Quando estamos perdidos no confronto entre visões e opiniões conflitantes, esquecemos que a vida pode ser realmente linda.

80 *Os quatro segredos sagrados*

Incapazes de suportar esse caos interior, passamos de uma solução rápida para outra, buscando qualquer coisa que silencie as vozes contraditórias e insistentes que criam essa claustrofobia interior. E quando nada causa mudanças duradoras, talvez acreditemos que o mundo está sendo injusto conosco.

"Mas sou uma boa pessoa!", choramingamos. "Nunca machuquei ninguém na vida. Por que sou tão infeliz?"

As três expressões do eu em guerra

No famoso poema épico indiano *Ramáiana*, o vilão, o rei Ravana, tem um dilema sem igual. Ele não era um monarca tolo ou mau, como tantos vilões que conhecemos. Ravana era um grande estudioso. Versado nas escrituras sagradas, criou grande prosperidade para o seu reino.

Então como as ações desse homem, considerado virtuoso em todos os sentidos, levaram à morte de seu irmão, seu filho e todo seu clã? O que o levou a sequestrar a esposa do herói, Rama — um ato que fez todo seu reino arder em chamas? Como alguém tão culto se tornou tão destrutivo?

A história descreve Ravana como um homem com dez cabeças. Elas simbolizavam os valores divergentes e os desejos obsessivos que o levaram a se perder na própria mente. Nenhum conhecimento que tinha ajudou a silenciar o tormento de suas vontades e desejos conflitantes. Esse era um homem em guerra consigo mesmo, e não demorou muito para essa batalha interior afetar todos ao seu redor.

Ao ler a história de Ravana, talvez você se faça uma pergunta que continua tão relevante hoje quanto era antigamente:

Por que pessoas boas se tornam más?

Todos já não fizemos essa pergunta em algum momento da vida? Nós olhamos para uma irmã, um filho ou um amigo que perdeu o rumo e nos perguntamos: *Que raios aconteceu?* Olhamos para o líder ou o artista que um dia admiramos e pensamos: *Como eles se desvirtuaram tanto?*

Dissolva a divisão interior **81**

Quando uma pessoa se perde em um estado de guerra interior, ela acaba como Ravana. Não apenas começa a se autodestruir, mas também tem o poder de destruir os outros. Não interessa se alguém é o ser mais bem-intencionado do mundo; se o seu interior for um campo de batalha de valores contraditórios, eles trarão caos ao seu mundo.

O fogo da nossa guerra interior pode ser desencadeado por desejos conflitantes, como:

Quero ser uma mãe altruísta, mas, para isso, preciso desistir da minha carreira... Não posso ter tudo.

Quero ser promovido, mas então não vou poder viajar pelo mundo... Acho que preciso me contentar com o que tenho.

Quero ter um relacionamento, mas não quero perder a vida de solteiro... Vou ser infeliz de qualquer forma.

A batalha interior também pode ocorrer devido ao conflito entre sonho e realidade. Desejamos ser virtuosos, mas somos atraídos pelo vício. Desejamos ser pacientes e bondosos, mas estamos cheios de raiva e intolerância.

Porém, quando você não sabe se libertar desse tipo de conflito interno, não importa que caminho decida seguir. Sua insatisfação pode se intensificar e se transformar em depressão ou até em ódio por si mesmo e pelo mundo.

Foi exatamente isso que aconteceu com Ravana. Apesar de ele saber que seus desejos contraditórios seriam sua ruína e que o destino de seu reino era incerto, ele não conseguiu resistir.

Tantos de nós vivem esse mesmo tormento. Porém, se nosso mundo interior for um campo de batalha, como poderemos alcançar os belos estados de felicidade e liberdade?

"Campo de batalha" pode parecer um termo muito exagerado. Claro, todo mundo se sente insatisfeito e desvalorizado por grande parte do tempo. Mas a vida é assim mesmo.

Mas, é mesmo?

Enquanto a fonte dos conflitos em nossas vidas pode parecer externa, na verdade somos nós mesmos que liberamos uma força destrutiva no mundo quando adotamos uma das seguintes expressões do eu em guerra:

A primeira manifestação de nossa batalha interior é o "eu encolhido".

O eu encolhido

Quando Alex tinha cerca de 12 ou 13 anos, sofreu intimidação por ser fraco e muito menor que os colegas de classe. Como forma de lidar com a humilhação, ele acabou se tornando ginasta. Quando entrou para a faculdade, ele era um dos alunos mais bonitos do campus: as garotas caíam aos seus pés.

E seu sucesso não parou por aí. Alex foi bem-sucedido nos negócios, ficou rico, casou-se com uma mulher linda.

Mesmo assim, até hoje ele ainda se sente extremamente inseguro e inadequado, porque não consegue parar de se comparar com os outros. Com frequência, fica na dúvida se a esposa corresponde ou precisa do seu amor, por comparar o comportamento dela com o de mulheres de seu passado.

Alex achava que, se chegasse ao topo de todas as áreas nas quais estava envolvido, não teria motivo para se sentir inferior a mais ninguém. Quando criança, tinha decidido que um dia alcançaria uma posição na qual os outros se comparariam com ele — e não o contrário.

Porém, após embarcar em uma jornada interior em busca da verdade, ficou óbvio que a realidade era muito diferente. Seu hábito obsessivo de se comparar com os outros nunca fora abandonado, apesar de todo sucesso e riquezas que ele havia criado!

Esse emaranhamento de estados de sofrimento causou um padrão estranho em seu trabalho. Todos os negócios que Alex fazia, mesmo que fossem vantajosos, não eram suficientes. Ele acreditava que os outros sempre se davam melhor. E também sentia que o sucesso só chegava para ele quando se esforçava muito. Na sua cabeça, as outras pessoas tinham uma vida muito mais fácil.

Esse padrão só mudou após sua desarmonia interior se dissolver. Uma nova inteligência surgiu dentro dele durante uma meditação mística com Krishnaji, na qual despertou da ilusão de ser limitado e testemunhou um estado de consciência no qual não sentia mais uma divisão ou a necessidade de se comparar.

Após Alex sentir essa transformação em sua consciência, foi muito mais fácil acessar os belos estados de criatividade e clareza mental — e é desse espaço que ele, hoje, constrói suas realizações.

O eu encolhido que assolava Alex é comum. Esse estado costuma se manifestar como uma inibição, timidez ou baixa autoestima debilitante. Às vezes, como no caso dele, nossas tentativas desesperadas de engrandecer o eu encolhido podem nos tornar extremamente agressivos.

Mas qual é a verdade do eu encolhido?

Ele é alimentado pelo hábito viciante de nos compararmos com os outros e sentirmos que não estamos à sua altura.

Nós nos sentimos pequenos e insignificantes. Ficamos nervosos na presença daqueles que acreditamos ser mais inteligentes, mais bonitos e mais talentosos. Imaginamos que os outros nos julgam inferiores, e ficamos constrangidos.

Um eu encolhido cria incerteza e nos afasta das felicidades da vida. Nós perdemos a coragem de perseguir aquilo pelo qual nossos corações anseiam.

O eu destrutivo

A segunda manifestação de nossa batalha interior é o "eu destrutivo".

Alicia e Greg, um casal da Suíça, tinham problemas há mais de uma década, permanecendo juntos apenas por causa da filha. Mas, quando ela se mudou para fazer faculdade, os dois decidiram se divorciar. Infelizmente, seus problemas não acabaram por aí.

Greg sempre foi um homem razoável; porém, quando o divórcio foi oficializado, as coisas mudaram. Ele cedeu ao ódio. Passou a se dedicar a dificultar a vida de Alicia. Nos anos em que foram casados, ela era extrovertida e dominante, enquanto o marido era submisso. Parecia que a separação o libertara para soltar anos de raiva e agressão reprimidas. Ele vivia comparando sua vida familiar desagradável e disfuncional com um

84 *Os quatro segredos sagrados*

ideal de como as coisas deveriam ter acontecido, culpando a esposa por sua infelicidade.

Greg era bem-educado e financeiramente independente — podia ter uma vida tranquila —, mas acabou se tornando obcecado por acertar contas do passado.

Quando cedemos ao estado do eu destrutivo, nós nos tornamos emocionalmente desequilibrados, impulsivos e voláteis. Um eu destrutivo pode se manifestar como perfeccionismo, ambição excessiva e crueldade — ou vício em prazer, hábitos desagradáveis ou trabalho.

A partir desse estado, encaramos os outros como competidores ou inimigos. Dominá-los ou mostrar nosso poder se torna mais importante do que nosso próprio crescimento e bem-estar. Transformamos amigos e família em adversários. Acabamos nos tornando duros e insensíveis — e encontramos poucas pessoas que podemos chamas de nossas. Isso nos faz formar relacionamentos doentios.

A motivação do eu destrutivo é o hábito viciante de comparar nossas vidas reais com o que achamos que deveria ter sido.

Mas não apenas comparamos — também culpamos o outro por nossa realidade irritante.

A vida se torna uma guerra.

O eu inerte

Chamamos a terceira manifestação de nossa batalha interna de "o eu inerte".

Por toda a vida, Beth se comparou com as irmãs, sempre se considerando inferior. Ela não era tão bonita quanto as outras, e uma dificuldade de aprendizado fez com que não conseguisse alcançar o mesmo sucesso profissional que desfrutavam. Para piorar ainda mais a situação, seus pais a acusavam de ser preguiçosa, o que servia apenas para piorar sua guerra interior.

Assim, Beth entrou em um ciclo vicioso: ela comia em excesso, não fazia exercícios nem trabalhava e perdeu a pouca confiança que já tivera um dia. O pouco dinheiro que conseguia juntar era gasto em investimentos imprudentes. Ela sonhava com a vida que sabia merecer, mas que parecia extremamente fora de seu alcance.

As características predominantes de um eu inerte são indiferença, irresponsabilidade, preguiça e procrastinação. Nós perdemos nossa proatividade e motivação. A única atividade que desejamos fazer é sonhar! O que causa a experiência do eu inerte? Mais uma vez, é o hábito de se comparar aos outros — porém, enquanto o eu encolhido luta com isso e passa a vida em uma corrida infinita, o eu inerte desiste sem nem mesmo tentar.

Nós abrimos mão da esperança de que algo bom aconteça.

Se, por um acaso, temos comportamentos parecidos com o dessas histórias, talvez fiquemos tentados a associá-los imediatamente a hábitos ruins ou características pessoais que precisam ser consertadas.

Na tentativa de nos livrarmos do eu encolhido, podemos começar a praticar esportes radicais. Presumimos que a solução para a baixa autoestima seja transmitir para o mundo uma imagem gloriosa — mas, inconscientemente, isso só aumenta nossa divisão interior.

Com o objetivo de transpor o eu destrutivo, tentamos refinar nosso comportamento, nossa educação ou nosso discurso. Tentamos nos controlar e nos acalmar, porém acabamos trocando um vício por outro.

Finalmente, para nos libertarmos do estado de inércia, fazemos esforços desesperados para nos arrastar até a academia, desintoxicar nossos corpos ou até limpar nossos fígados, sem jamais lidar com nossa consciência.

Essas soluções são duradouras? Como podemos nos transformar de verdade sem nos atentarmos à verdade de que esses são apenas sintomas de uma guerra interna mais profunda?

Por favor, pause aqui. Respire fundo. Observe os momentos em que você não gostou, se incomodou ou odiou a si mesmo. Em que eu a sua batalha interior o transformou?

De modo passivo, observe o impacto desses eus na sua vida.

A busca pelo amor perdido

O grande imperador Mughai Akbar era conhecido por se deleitar com desafios e debates intelectualmente estimulantes com seus ministros. Reza a lenda que, certa vez, ele propôs um desafio bem curioso aos seus ministros:

O imperador pediu a eles que encontrassem o maior tolo do reino.

Birbal, um ministro particularmente esperto, passou o dia inteiro revirando o reino, mas acabou de mãos vazias, sem encontrar o maior tolo. Ao anoitecer, um Birbal cansado voltava para o imperador quando bateu os olhos em um homem que procurava por algo sob um poste aceso.

O ministro se aproximou e perguntou o que ele buscava.

Ao vê-lo em seus robes reais, o velho respondeu, em um tom respeitoso, que procurava pelas chaves que perdera. Apiedado, Birbal resolveu ajudá-lo. Após alguns minutos, perguntou ao homem onde exatamente ele perdera as chaves. O velho apontou para um canto escuro muito distante do lugar em que estavam.

— Se você perdeu a chave *lá*, por que está procurando *aqui*?

— Porque aqui está iluminado.

Birbal sorriu, confiante de que havia completado sua tarefa. Ele voltou para o imperador, apresentou o tolo e ganhou a recompensa.

Com que frequência nos perguntamos por que nenhuma de nossas soluções externas trazem paz para nossa guerra interior? É claro, o mundo está cheio de soluções rápidas que trazem estados "gostosos" temporários. Porém, quando o próximo desafio surge, somos lançados de volta para o mesmo turbilhão de conflitos, julgamentos e autodepreciação.

Assim como o velho da história de Birbal, não conseguimos solucionar nossos problemas por não sabermos onde procurar pelas respostas. Mesmo quando estamos dispostos a olhar para dentro, tentamos resolver os estados de sofrimento na ponta da espada. Nós nos culpamos por nossas restrições, por nossa autoconfiança falha, ou por nossas inseguranças. Mas e se elas fossem meras manifestações de algo mais profundo?

Na raiz de toda infelicidade há uma obsessão incessante com o eu.

Quando compartilhamos essa percepção intensa e transformadora com as pessoas, costumamos encontrar uma resistência imediata.

Mas foi meu parceiro quem me traiu...

São meus filhos que não escutam...

É meu chefe que leva crédito pelo meu trabalho...

Talvez pensemos que com certeza há exceções para a ideia de que "toda infelicidade é causada pela obsessão por si mesmo" — ainda mais porque somos nós que estamos lendo um livro sobre como transformar nossas vidas! Somos nós que ficamos até tarde quando os outros vão embora cinco minutos mais cedo. Que nos certificamos de que as crianças comam, que o encanador seja pago, que todo mundo vá ao dentista — e blá-blá-blá...

Como alguém que se esforça tanto para ser uma boa pessoa poderia estar causando seu próprio estresse? Com certeza deve haver algum engano.

Como alguém tão *altruísta* pode ser tão auto-obsessivo?

Em primeiro lugar, vamos deixar claro que existe uma grande diferença entre egoísmo e auto-obsessão. Não estamos falando sobre ignorar os outros. A auto-obsessão é uma preocupação interna com seu próprio ser.

Agora, antes de negarmos nossa auto-obsessão, vamos nos perguntar: Com que frequência travamos guerras imaginárias em nossas mentes, comparando-nos com outras pessoas e nos preocupando com o que pensam sobre nós? Quantas vezes postamos algo no Facebook, imaginamos uma reação negativa e escrevemos uma resposta antes mesmo de alguém dizer qualquer coisa?

E quantas vezes simplesmente culpamos outra pessoa pela maneira como nos sentimos, apesar de serem nossos *próprios* sentimentos que giram sem parar em um ciclo de auto-obsessão?

E não podemos nos esquecer de que esse estado de auto-preocupação é a base de toda infelicidade e guerra interior.

Até fazermos as pazes conosco, continuaremos sendo um campo de batalha de conflitos:

Por que tal pessoa é mais amada do que eu?

88 Os quatro segredos sagrados

Por que minha vida não pode ser mais parecida com a dela?
Ele é tão bonito e engraçado. Por que não sou assim?
Por que não nasci em berço de ouro? Por que ele?
Você continuaria a choramingar: *Por que eu?* Ou: *Por que não eu?*

Acontece que nossa batalha interior não tem nenhuma ligação com situações externas. O fato de você não ser tão alto quanto seu pai ou tão bem-sucedido quanto seu colega de quarto da faculdade — esses são fatos da vida, nem bons, nem ruins. E tais fatos podem causar inconvenientes ou dificuldades, mas sempre é possível encontrar soluções para esse tipo de problema externo.

Ora, é claro que não estamos negando que todos nós passamos por desafios, com diferentes graus de intensidade. O tempo que passamos em nossos corpos é limitado. Não temos a garantia de uma saúde perfeita ou de uma família amorosa. Para muita gente neste planeta, a vida não é fácil nem calma.

Porém, quando jogamos um redemoinho de auto-obsessão em cima das dificuldades do cotidiano, nós nos tornamos fixados na injustiça da vida. Nossa mente faz com que tudo — nossos corpos, nosso cotidiano, nosso mundo — pareça incompleto ou feio. Começamos a sofrer de um senso exagerado e doloroso de "injustiça", como se o universo nos negasse tudo de propósito. E reclamamos: "Como podemos viver em paz com tanto que nos acontece?"

Será que você já não percebeu que, em tais estados de sofrimento, os problemas e o caos só aumentam?

Quando a obsessão por nós mesmos toma o controle, questões atuais da vida permanecerão sem solução. Nós desenvolvemos uma mente eternamente insegura, que facilmente percebe insultos ou desrespeito, mesmo quando não há nenhum. Ficamos desgostosos com quem somos e nos tornamos obcecados com a imagem de quem deveríamos ser. Em uma tentativa desesperada de sobreviver psicologicamente, tentamos nos enquadrar nos padrões de outras pessoas e ganhar sua atenção.

Acabamos nos tornando pessoas que usam muitas máscaras, enquanto o poder verdadeiro do belo estado de consciência nos ilude.

Podemos até participar de conversas sobre amor próprio e como cuidar de nós mesmos, mas com frequência nos agarramos a soluções superficiais que não lidam com o problema principal da autopreocupação obsessiva.

E como podemos cuidar de nós mesmos de verdade quando permitimos que nosso interior permaneça em um estado de sofrimento, machucado e dolorido? Quão autêntico é nosso amor próprio quando viajamos para lugares bonitos, mas não fazemos nada para tirar férias de nosso falatório interior incessante? Pois, nesse estado, permanecemos perdidos e desconectados. É impossível celebrar a vida.

O amor próprio autêntico exige que nos afastemos da auto-obsessão e entremos em um belo estado de ser.

Como?

Ao sair da obsessão dolorosa e passar para uma observação gentil.

De acordo com o Dr. Daniel J. Siegel, professor de psiquiatria, sempre que entramos em um estado de observação, a atividade neural em nosso cérebro sai da amígdala, o centro do medo e da raiva, e passa para a região pré-frontal medial do pensamento inteligente e de um senso expandido de conexão.

Se essa é a percepção da observação de um cientista, a de um místico seria a ativação do terceiro olho, como retratado nas imagens de muitas divindades orientais.

Nossa jornada para um belo eu começa com a verdade, pois apenas a verdade liberta. Se pudermos ver a verdade de nossa própria guerra interior e a maneira como ela afeta nossa percepção da vida, poderemos transformá-la sem julgá-la. Nesse ponto, um belo estado de calma tomará conta de nós. Se abraçarmos nossa comparação incessante com os outros e a profundidade de nosso estado desconectado, sem lutarmos contra ele ou sentirmos vergonha, o belo estado de conexão surgirá de modo espontâneo. Se conseguirmos testemunhar o completo caos que surge em nossas vidas a partir da insatisfação incessante que sentimos com nós mesmos, uma nova ordem surgirá.

90 Os quatro segredos sagrados

Vejamos a história de Maureen, uma mulher mediterrânea que teve a coragem de transformar seu senso de si mesma.

Maureen nos conheceu quando tinha quarenta e poucos anos. Ela trabalhava no mundo corporativo e projetava uma imagem de durona. Era atlética e não sorria com frequência. Até as palavras mais comuns saíam de sua boca com certa dureza. Porém, conforme eu guiava os buscadores espirituais por uma jornada de completude durante um retiro, Maureen passou por uma metamorfose verdadeira.

Quando era uma criança de 8 ou 9 anos, ela fora estuprada por um desconhecido. Enquanto o homem ia embora, ele lhe dera uma cuspida e dissera:

— Você é uma garota muito feia.

Com o passar dos anos, Maureen se consultara com muitos terapeutas para superar a raiva e o sentimento assustador de não se respeitar. Foi casada duas vezes. Seu portfólio era impressionante, e ela era conhecida no mercado por sua eficiência e praticidade, mas nunca sentia receber o respeito que merecia.

Enquanto a guiávamos para um estado meditativo profundo, Maureen observou seu trauma pela primeira vez como uma expectadora passiva. Não havia um eu guerreiro berrando que "Aquilo não devia ter acontecido. Minha vida deveria ter sido diferente". Não havia um "deveria ter sido" ou um "não deveria ter sido". O evento simplesmente acontecera. Todos os momentos pelos quais passara simplesmente aconteceram. Essa era a primeira vez que ela via a sua vida sem se deixar levar por seu interior ferido.

Enquanto Maureen mergulhava profundamente na meditação do Campo Ilimitado, uma experiência muito diferente ocorreu. Ela se sentiu abraçada pelo próprio universo. Era como se o universo fosse um ser vivo que queria envolvê-la em seus braços e ajudá-la a curar esse lado extremamente ferido de si mesma.

Ela nos contou que parecia que seu coração era um vidro quebrado e, naquele abraço transcendental, estivesse sendo colado pela primeira vez.

Porém, apesar de a experiência mística ter sido muito poderosa, a maneira como Maureen mudou sua vida foi miraculosa.

Uma experiência que sempre parecera tão dolorosamente marcante, tão traumatizante, acabara de se tornar apenas outro momento de sua vida, algo que ela era capaz de encarar em um belo estado de calma.

Após essa experiência extremamente transformadora, a capacidade do amor e da compaixão que Maureen sente por si mesma se aprofundou muito. O impulso pela auto-obsessão cessou. Quando lhe ofereceram mais uma de muitas promoções, ela recusou pela primeira vez. Já decidira permanecer em sua jornada interior, usando suas descobertas do modo mais altruísta possível.

— Quero aproveitar meu tempo para curar os outros — disse ela.

Desde então, Maureen redefiniu seu papel como mentora de jovens funcionários recém-chegados na sua empresa. Ela está em paz com o amor que encontrou em sua vida.

Nós não precisamos passar por algo tão traumático no nosso passado para compreender o sofrimento de Maureen. Mas todos devemos nos livrar das memórias que nos assombram como pesadelos. Devemos despertar para um estado de harmonia.

Se observamos a natureza de todos os estados interiores de eus guerreiros, veremos que se tratam de críticos internos nos destruindo, roubando os belos estados de alegria e calma de nossas vidas. Não importa quais são nossas histórias pessoais, se são simples ou complicadas; quando somos capturados por esses eus guerreiros, criticamos tudo em nós: nossa aparência, nosso status, nosso lar e nossa família, nossa vida. A base de nossa divisão interior é o hábito de comentar incessantemente, dividindo cada experiência de nossas vidas em "deve ser" e "não deve ser". É esse hábito que nos leva à comparação e a batalhas internas.

Quando olha para seu corpo, você não o vê como ele é; você classifica cada centímetro dele como *devia ser assim* ou *não devia ser assim*. Quando está com sua família, você não a encara como ela realmente é; você classifica cada parente como *devia ser desse jeito* ou *não devia ser desse jeito*. Quando chega em casa, você não aproveita seu lar; você classifica todos os espaços como *devia ser maior ou menor* ou *não devia ser dessa maneira*.

92 Os quatro segredos sagrados

Quando chega ao trabalho, você não é tomado por um senso de propósito e criatividade; você julga todos os dias como *eu devia estar em outro lugar* ou *eu não devia estar aqui*.

Ao se tornar um observador da vida, todos os comentários se tornam redundantes e se soltam de você como folhas secas caindo no chão. Eles são levados pelo rio da consciência. Uma profunda sensação de calma e alegria irradia do seu ser. Nesse estado magnífico de consciência, todos os fracassos são assimilados sem a necessidade de determinar culpados pelo que aconteceu. Cada derrota é aceita sem a necessidade de se justificar ou condenar os outros. As palavras e declarações das pessoas não se transformam em uma maneira de encarar a si mesmo ou ao seu corpo. Você fica confortável com seu eu irritado, seu eu ciumento e seu eu solitário. Nenhuma parte sua o faz se sentir errado. Você esta à vontade com a sua totalidade. Nesse estado de consciência da qual a observação prossegue, você percebe o verdadeiro significado de compaixão e liberdade.

Na ausência de nossas classificações incessantes sobre todas as experiências da vida como boas ou erradas, feias ou bonitas, certas ou erradas, nós transcendemos o orgulho e a humilhação, transcendemos a culpa e o arrependimento. Entramos no domínio da consciência pura, onde tudo é sagrado. Tudo simplesmente é. Cada pessoa em nossas vidas apenas é. A vida apenas é — um fluxo desse universo.

E, quando emergirmos dessa guerra interior, vamos despertar para as paixões de nossos corações e o propósito maior de nossas vidas. Nós nos tornaremos mais presentes na vida de nossos entes queridos e seremos mais capazes de ajudar nossa comunidade e o mundo. Realmente seremos inspirados a fazer a diferença para as pessoas ao nosso redor.

Nós teremos ultrapassado o "deve ser assim" ou "não deve ser assim" e passaremos para "o que é". Estamos apaixonados pela vida. Estamos apaixonados por nós mesmos. Esse é um belo estado de consciência.

Por favor, pause aqui. Diminua o ritmo. Respire e sinta seu corpo. Não existe "deve ser assim" ou "não deve ser assim". Seu corpo simplesmente é.

Respire devagar e mantenha sua família no coração. Não existe "deve ser" ou "não deve ser". Essa é sua família. Ela simplesmente é.

Respire fundo. Veja seu lar. Não há "deve ser" ou "não deve ser". Esse é seu lar. Ele simplesmente é.

Finalmente, observe suas autocríticas com bondade. Não se irrite consigo mesmo por se julgar. Sorria a isso. Não existe "deve ser" ou "não deve ser". Há apenas o que é.

Uma observação serena do que é leva você aos belos estados de calma e integridade interior. Conforme sua guerra consigo mesmo termina, uma nova canção surge em sua mente: Minha vida é bela.

Exercício da Soul Sync:
Transformando um eu guerreiro em um Belo Ser

Talvez você queira começar essa Soul Sync com a visão do que significaria viver em um estado de calma e harmonia com a totalidade de si mesmo.

Mais uma vez, repita as primeiras cinco etapas da meditação Soul Sync conforme explicado nas páginas 36-38.

Quando chegar à sexta etapa, imagine ou visualize a si mesmo como um belo eu: alguém que não está mais em guerra consigo mesmo, com a vida, com as outras pessoas e com o mundo ao seu redor. Sinta como é estar em paz consigo mesmo, exatamente como você está neste momento.

III.

O terceiro segredo sagrado: Desperte para a inteligência universal

O terceiro segredo sagrado: Desperte para a inteligência universal

Por Preethaji

O corpo humano é composto de sessenta elementos da natureza. Hoje, eles estão valendo cerca de $160.

Desses elementos, apenas seis — oxigênio e hidrogênio, carbono e nitrogênio, cálcio e fósforo — formam 99% do corpo. E o mais interessante é que o corpo não se trata apenas de seis ou sessenta elementos colocados em uma caixa e chacoalhados. Há uma inteligência inacreditável e incrível que converte esses compostos químicos em um coração, um cérebro, sangue, ossos e DNA. É inconcebível como esses sessenta elementos criam duzentos tipos diferentes de células, que, por sua vez, formam um ser humano!

Por trás de cada ser vivo que encontramos, seja um pinheiro, um cogumelo, uma ameba, uma baleia ou um rinoceronte, há uma inteligência universal trabalhando.

Onde você acha que a inteligência está localizada no corpo?

A resposta padrão é o cérebro, com seus 100 bilhões de neurônios, um trilhão de células da glia e um quatrilhão de conexões neurais.

Sabia que há quase 40 mil neurônios no coração muito parecidos com os do cérebro e que também participam do processo de sentir, intuir e

98   Os quatro segredos sagrados

decidir? Também há 500 milhões de neurônios no intestino. Esses dois órgãos colaboram com nossos sentimentos e decisões.

Nos processos de transformação que guiamos na O&O Academy, já vimos pessoas liberarem memórias antigas armazenadas em pontos diferentes nos neurônios de suas medulas espinhais. E quando se libertam, a maneira como acessam o passado muda completamente: suas ações e palavras se tornam mais positivas.

Assim, existe a inteligência do cérebro, a inteligência do coração, a inteligência do intestino e a inteligência da espinha.

Não podemos limitar a inteligência a qualquer uma dessas partes do corpo. Do mesmo modo como não podemos limitar a inteligência apenas ao cérebro humano, não podemos limitar a inteligência apenas a seres com cérebro. E assim como a inteligência do cérebro, do intestino, do coração e da medula espinhal não são desconexas, mas uma única inteligência, por trás do vasto universo visível de muitas formas de vida existe uma inteligência universal invisível.

E se pudéssemos acessá-la?

Na verdade, podemos.

O presente da Inteligência Universal

Para qualquer um que tenha lutado com sentimentos de desconexão ou de estar empacado, o terceiro segredo sagrado é um verdadeiro presente. Muitos de nós encontraram provas convincentes de que o mundo é um lugar frio e insensível — e desistiram de acreditar que exista algo ou alguém apoiando nossos sonhos e esperanças.

Porém, a vida não precisa parecer assim.

Quando você desperta para a inteligência universal, novas ideias surgem em ondas, assim como coincidências e sincronicidades que fazem a vida parecer fácil.

Desperte para a inteligência universal 99

Srinivasa Ramanujan foi um dos maiores matemáticos da Índia. Ele frequentemente trabalhava em um estado de abertura total — fórmulas e soluções matemáticas complexas e intricadas lhe eram reveladas por uma fonte de inteligência universal. Depois, ele voltava para um estado comum e trabalhava de trás para a frente, para registrar as provas das soluções e fórmulas que recebera. Noventa e oito anos após sua morte, essas fórmulas agora são usadas para compreender o comportamento de buracos negros.

Você vai descobrir que, quando for capaz de realmente se desligar de todos os medos, preocupações e obsessões, e simplesmente pedir ajuda à inteligência universal, ela surge em uma questão de minutos. Sua mente capta uma ideia, ou seu corpo recebe uma cura. Para o mundo exterior, ela surge como uma coincidência ou como uma solução maravilhosa para os desafios da vida.

Isso nos lembra de uma fábula indiana. Todos os animais de uma cidade pequena decidiram dar uma volta na selva. Cavalos, macacos, ratos, porcos, morcegos e gatos se uniram.

De repente, o cachorro percebeu que o lagarto que vivia no centro da cidade não estava ali. Então foi correndo até a prefeitura, encontrou-o deitado no telhado e o convidou para o passeio.

O lagarto respondeu com um olhar preocupado no rosto.

— Sinto muito — disse ele. — Não posso ir porque estou apoiando o teto da prefeitura com a minha barriga, e tudo vai desabar se eu descer daqui.

De certa maneira, quando vivemos em estados de medo e preocupação e desespero, somos como o lagarto ignorante. Nossos medos nos impedem de ver uma verdade maior.

No estado de deixar ir você se conecta, conecta-se com o universo e libera seu caminho para seguir em frente.

Talvez a resposta venha como uma ideia que surge pouco antes de dormir ou nos seus sonhos. Você frequentemente sentirá uma grande

100   *Os quatro segredos sagrados*

clareza ao acordar — ou a solução vem na forma de um amigo entrando em contato ou de um colega de trabalho explicando que sabe exatamente como resolver um desafio específico.

A conexão divina-humana talvez seja o relacionamento mais antigo de que temos notícia. É comum falarmos sobre comemorar aniversários de dez, 25 ou mais anos de casamento. Será que nos esquecemos de comemorar esse aniversário de 10 mil ou 80 mil anos? O relacionamento mais duradouro de todos é o da humanidade com a consciência universal.

Você encontrará referências a essa relação mística em todas as pátrias e por meio da história registrada, além de uma realidade alternativa apresentada pelos místicos.

Em certas culturas, o relacionamento com a consciência universal, ou com a fonte, é muito pessoal, enquanto em outras é impessoal. Trata-se de uma conexão atemporal, como representada por Michelangelo no Vaticano, do transcendental alcançando nossa consciência diária mundana, e do mundano aspirando alcançar o transcendental.

Assim como a natureza dotou o cérebro com a capacidade de ver, escutar, tocar e sentir, nós acreditamos que a natureza também deixou uma janela em nossos cérebros para testemunhar o universal. Quando entramos no estado de abrir mão das preocupações, talvez certas partes do cérebro sejam ativadas, tornando acessível a experiência da inteligência universal.

Os alunos de nossa academia contam inúmeras histórias sobre como sentiram o poder e a benevolência da inteligência universal. Uma delas veio de um médico britânico.

Aos 45 anos, após um exame de rotina, esse homem sofreu um choque ao descobrir que todos os marcadores tumorais em seu corpo se encontravam extremamente elevados. Mesmo assim, ninguém sabia determinar onde estava o câncer. Sua maior preocupação foi com a esposa e as filhas, que dependiam dele para tudo.

Após vários exames e tratamentos, o médico chegou à nossa academia na Índia em estado de desespero. Enquanto estava conosco, percebeu

Desperte para a inteligência universal 101

que seu medo e ansiedade eram parecidos com os do lagarto da história. Suas previsões caóticas e constantes sobre o futuro eram que a esposa e as filhas não conseguiriam viver sem ele, e sua morte prematura causaria a desgraça da família. Após passar sete dias na academia, esse medo obsessivo da morte foi superado. O médico despertou para uma conexão incrível com a inteligência universal em seu coração. Aquilo não era mais apenas uma ideia. Era uma descoberta. Depois que voltou para casa, ele descobriu que os marcadores tumorais haviam voltado ao normal. Agora, ele trabalha como instrutor da O&O Academy, ajudando mais pessoas a viver em um belo estado de ser.

Outro membro de nossa comunidade se conectou com a inteligência universal de um modo diferente. Ele trabalhava em uma grande empresa automobilística havia 18 anos, desde que terminara os estudos. Alguns anos antes de nos conhecer, fora promovido a vice-presidente e transferido para a Índia para liderar essa divisão da empresa. E isso era motivo de muita insatisfação, porque significava se mudar da França, onde ele havia construído uma grande comunidade de amigos.

Na Índia, por meio de uma série de coincidências, ele chegou ao nosso campus. Enquanto estava lá, não conseguia parar de expressar seu desespero para voltar para a França. Eventualmente, começou a entender como aquela obsessão o deixava infeliz. Após passar por vários processos conosco, ele se libertou de sua ansiedade e formou uma conexão pacífica com o universo, pedindo para encontrar uma maneira de seguir adiante. Nos dias seguintes, ele começou a aceitar as políticas desagradáveis do trabalho de forma pacífica, ao mesmo tempo em que apreciava as grandes contribuições que fazia para as estradas indianas. Por meio de seu trabalho, ele criou oportunidades de emprego para muita gente e tornou as estradas mais seguras para os motoristas. Seus dias começavam com a prática da Soul Sync e terminavam entrando no belo estado de relaxamento e conexão com o universo.

Dia após dia, ideias surgiam na quietude de sua consciência. Ele solucionava problemas e fazia sua empresa crescer de maneira exponencial.

De repente, uma oportunidade inesperada no setor de energia renovável surgiu na França; agora, ele é um dos líderes do mercado. A inteligência universal abriu essa porta para ele.

Você quer se conectar com a inteligência universal? Tente fazer o exercício a seguir.

As quatro etapas para acessar a inteligência universal

- **PRIMEIRA ETAPA.** Deixe ir toda ansiedade, medo e desespero em torno dos seus desejos. (A prática da Mente Serena, encontrada na página 73, pode ajudar com isso.)

- **SEGUNDA ETAPA.** Abra-se para a percepção da inteligência universal em seu coração. A maioria das pessoas experienciam a inteligência universal como um profundo senso de poder, calma ou amor. Algumas como uma visão mística de um resplendor no coração ou como uma divindade pessoal. Outras sentem uma vasta presença.

- **TERCEIRA ETAPA.** Com alegria, peça por aquilo que deseja. Seja claro e específico. Peça ao universo como se você estivesse falando com um ser vivo.

- **QUARTA ETAPA.** Visualize seu desejo se tornando realidade. Preencha seu coração com gratidão.

Não esqueça que esse processo não requer que você acredite em nada nem que pratique qualquer tipo de meditação regularmente.

A prática pode ser executada sempre que você desejar; ou, como nosso aluno francês, faça dela um ritual noturno:

Um guia passo a passo para a noite

1. Gentilmente feche os olhos. Inspire e expire devagar. Tome respirações conscientes.

2. Visualize uma situação específica para a qual você sente que precisa de suporte da inteligência universal. Onde você sente que alcançou o fim da estrada? Em que área você acredita ter exaurido todas as suas opções ou capacidade mental de encontrar uma solução?

3. Diga o seguinte mantra: "Eu me liberto de todo o desespero de meu eu pequeno e limitado, e permito que a inteligência universal assuma o controle sobre meu problema." Repita-o três vezes com determinação, acreditando no que diz.

4. Gentilmente, concentre-se na região do seu coração. Permita que sua percepção da inteligência universal se manifeste da forma como é mais natural para você. Talvez você sinta a presença como um grande poder, uma grande paz ou um grande amor. Pode ser que tenha uma visão mística de uma forma próxima ao seu coração ou experiencie uma presença vasta e sem forma.

5. Permita que a experiência se expanda no espaço do seu coração e mergulhe nela.

6. Com alegria, observe a presença e converse com ela como se falasse com alguém. Peça ao universo para concretizar seu desejo mais profundo. Fale do fundo do coração, como faria se conversasse com uma pessoa em quem confia completamente.

7. Observe sua intenção se manifestar e visualize a si mesmo desfrutando-a. Sinta a alegria de experienciar isso.

104   *Os quatro segredos sagrados*

Vamos compartilhar uma história sobre o poder da conexão com a inteligência universal.

Anteriormente, Krishnaji mencionou o Ekam, o espaço de meditação que ele construiu para concretizar a visão de seus pais. O Ekam é mais do que uma bela estrutura arquitetônica. É uma usina de energia mística onde as pessoas despertam para a transcendência e uma conexão com a inteligência universal de maneira espontânea.

Julie, uma escritora de romances, quase não foi ao Festival da Paz Ekam de agosto de 2018. Sua vida ia bem, e ela não tinha pretensões de aprofundar sua espiritualidade.

Mas a curiosidade foi mais forte, e ela marcou a viagem.

No primeiro dia no Ekam, quando foi sugerido que pensassem em um desejo profundo, Julie pensou no namorado, que tinha uma doença crônica. *Eu daria tudo para ele se livrar da dor*, pensou ela. *Por mais que eu o ame, se nossa relação estivesse impedindo-o de se libertar, eu aprenderia a aceitar isso.*

No dia seguinte após a chegada de Julie ao Ekam, as pontadas de dor começaram, algo mais forte do que qualquer coisa que já tivesse sentido antes. Totalmente desconfortável enquanto sentava, ocorreu a ela que aquela sensação era muito semelhante à que o namorado costumava descrever.

Em vez de fazer o que faria em casa — tomar um remédio para a dor passar —, Julie decidiu enfrentá-la. Ela já fora a muitas consultas com o namorado, mas aquela era a primeira vez que tinha noção do que ele realmente passava em um corpo com dores crônicas.

Seu tempo no Ekam foi cheio de revelações, e ela mal podia esperar para compartilhá-las.

Porém, assim que chegou em casa, seu mundo virou de cabeça para baixo.

Julie e o namorado imediatamente começaram a ter problemas. Parecia que tudo que haviam varrido para debaixo do tapete durante o primeiro ano que passaram juntos agora vinha à tona.

Tantas coisas que esconderam um do outro durante a "fase da lua de mel" agora surgiam, e a tensão entre os dois aumentava, assim como a

Desperte para a inteligência universal 105

distância que os separava. O casal se afastou tanto que, por um tempo, ela não conseguia mais imaginar um futuro em que estariam juntos. Terminar parecia a única opção.

Porém, mesmo enquanto se sentia realmente desesperada, Julie não conseguia esquecer suas experiências no Ekam. A dor com a qual se conectara. A dor que não queria que ninguém sentisse. Ela havia despertado para o estado transcendental de compaixão no Ekam e, como ela se conectou a esse estado, resolvera que jamais trataria o namorado de maneira cruel, independentemente do que acontecesse.

Mas e quanto à maneira como tratava a si mesma?

Julie pensou em tudo sobre o que refletira no Ekam — seu desejo de que o namorado vivesse sem dor, mesmo que isso significasse perdê-lo.

Por que a visão sobre a saúde dele vinha com uma condição que resultaria no sofrimento dela? Por que parecera necessário fazer uma barganha com o Divino: *Vou sacrificar um amor tão importante para mim se Você devolver a saúde do meu namorado.*

Por que sua visão da inteligência universal tinha sido tão limitada?

Era como se os contos de fadas que devorava desde a infância tivessem lhe persuadido a acreditar que o amor é impossível sem sacrifício, de que o romance só pode acabar em desespero, que o universo não dá nada sem pedir por algo em troca.

Hoje, Julie não sente mais como se tivesse que escolher entre amor ou saúde. Graças ao segredo sagrado da inteligência universal, ela compreendeu que sua percepção errônea de um universo punitivo nascera de séculos de condicionamento. Certa da benevolência do universo, ela começou a visualizar um futuro em que pode ter saúde *e* amor com o namorado. Porém, não são apenas as visões de Julie sobre o futuro que mudaram. Ela também começou a nutrir um relacionamento profundo com seu estado interior e a inteligência do universo. Quando um desconforto surge, não há mais tentativas de "ser positiva". Assim como não há mais tentativas de ser uma parceira "perfeita". Sua felicidade não é mais enevoada pelo medo de tudo que pode dar errado. Isso não significa que ela não sinta medo —

106 *Os quatro segredos sagrados*

mas, quando as inseguranças surgem, Julie recorre ao terceiro segredo sagrado, pedindo ajuda ao universo e recebendo apoio imediatamente: uma sensação de carinho, amor e conexão que a faz lembrar de que tem forças para enfrentar qualquer desafio que possa surgir no caminho dos dois.

Assim como Julie, muitos de nossos alunos querem trazer harmonia para seus relacionamentos. Na próxima jornada da vida, você aprenderá a despertar para a experiência do amor — um estado de ser que enriquecerá suas interações não apenas com seus parceiros ou entes queridos, mas com todas as pessoas que encontrar. Também é bom lembrarmos que "abrir mão" para se conectar com o universo não significa desistir daquilo que lhe é precioso; significa apenas se desligar dos estados de sofrimento de desespero em torno dos problemas da vida, desapegando do medo de punição divina ou da culpa de não ser merecedor de coisas boas. Da mesma maneira que os estados de sofrimento nos desconectam uns dos outros, permanecer absorvido por eles durante tentativas de acessar a inteligência universal faz com que permaneçamos desconectados de seu poder. Só conseguimos atrair bênçãos da fonte quando estamos em um belo estado de ser. Vamos lembrar que todos os segredos sagrados estão conectados. É necessário dominar cada um deles para criar um destino extraordinário.

A terceira jornada da vida:
Seja um parceiro centrado no coração

Por Preethaji

A maioria das pessoas quer encontrar os parceiros certos. Não é incomum desejar companhia ou romance.

Mas quantos de nós já descobriram verdadeiramente o que é amar?

Quando vivemos em um belo estado de amor e conexão, não apenas atraímos as pessoas certas, mas conseguimos ficar com elas para sempre. Pois sem despertar para o amor, até a pessoa certa se tornará errada com o passar do tempo.

Não é necessário estar em um relacionamento íntimo para explorar essa revelação. Nós podemos observar a verdade de nosso estado interior em relações anteriores ou atuais para nunca mais recriarmos as mesmas experiências limitantes ou dolorosas.

O que estamos prestes a descobrir é um estado de amor que tem o potencial sublime de transformar todos os relacionamentos.

O amor de nossas vidas

Quem entre nós nunca desejou conhecer alguém com quem possamos ser completamente vulneráveis? Quem nunca sonhou com um relacionamento

108   *Os quatro segredos sagrados*

em que não exista pressão para ser de um jeito específico, mas apenas a emoção de estarem juntos e um profundo apreço um pelo outro? Quem nunca quis o tipo de amor que faz nossa alma cantar?

Esse sentimento não surge porque duas pessoas compartilham os mesmos gostos, paixões ou interesses. Ele acontece quando duas pessoas despertam para o belo estado de conexão.

O que é conexão?

Quando eu tinha 9 anos, tomei um susto quando descobri que as outras pessoas não viviam da mesma maneira que eu. Desde que consigo lembrar, sempre senti tudo que minha mãe, meu pai e minha irmã sentiam. E até o que meus professores e amigos sentiam.

Não era uma questão de ler seus pensamentos, mas eu conseguia absorver seus sentimentos como se nada nos separasse. E minhas reações se baseavam nessas informações. Eu achava que todo mundo era igual a mim até ter cerca de 9 anos.

A conexão sempre foi e continua sendo meu estado natural de ser, e há muitas pessoas na minha vida que me ofereceram uma conexão sincera. Mas quero contar sobre minha mãe e Krishnaji.

Tive uma infância muito feliz e tranquila. Meus pais eram muito dedicados a mim e minha irmã mais velha. Sempre brinco que minha infância só teve um problema: na minha cabeça, minha mãe amava mais minha irmã do que a mim. Mas eu também achava que era a filha favorita do meu pai, então tudo se equilibrava!

Minha mãe fez muitos sacrifícios por nós. Ela se certificou de que tivéssemos a melhor educação possível, nos expôs a muita cultura, cuidou de nós, nos alimentou e nunca nos machucou. Até eu conhecer Krishnaji, nosso relacionamento era minha maior experiência de amor.

Após meu casamento, minha compreensão e experiência com a conexão se expandiram. Ele não se preocupa apenas com as minhas necessidades, se preocupa com minhas necessidades; ele se conecta com meu interior. Vamos colocar as coisas deste modo. Krishnaji cuida de mim da mesma maneira que minha mãe cuidava — é carinhoso e me apoia —, porém há algo mais: ele se interessa pelos meus *sentimentos*.

Seja um parceiro centrado no coração 109

Quando estou triste ou estressada, ele nunca se afasta. Ele se importa com minha infelicidade e me ajuda a sair dela. Quando estou feliz, não se separa da minha alegria. Mas a comemora como se fosse sua.

Ser amada nos seus momentos bons é uma coisa, mas se sentir aceita, sem julgamentos, mesmo quando está mal-humorada, é outra completamente diferente. Krishnaji se irrita comigo às vezes, por alguns instantes, mas logo se conecta com meus sentimentos. E esse é o presente mais precioso que ele me dá.

Faz 22 anos que estamos casados, e isso nunca mudou nesse tempo todo. Há uma qualidade de sossego e leveza que sinto ao seu lado, porque ele não espera que eu aja de determinada maneira; não há expectativas sobre como eu deveria me comportar ao seu lado. E esse senso de sossego e leveza flui naturalmente de mim para Krishnaji e nossa filha.

Ouso dizer que essa conexão amorosa e sensibilidade permeiam toda a academia como nossa cultura natural. Muitos alunos experienciam o verdadeiro significado de família aqui. Eles compartilham o que sentem ao voltarem para casa; na verdade, para muitos, a dedicação que flui dos professores para seu estado interior de consciência abre seus corações para a possibilidade de ter uma vida tão bela.

Um estado de conexão compartilhado com os outros, livre de qualquer expectativa, é o elixir da vida. É o poder silencioso que nos ajuda a navegar pelos desafios mais insistentes e superá-los. Esse belo estado de conexão é possível para todos nós quando fazemos as pazes com nós mesmos, nosso passado e nosso presente.

E como despertamos para ele?

Nós podemos e devemos nos libertar das amarras da auto-obsessão e viver em um belo estado de ser. Esse compromisso compartilhado para a evolução mútua é essencial para a prosperidade de um relacionamento íntimo. Somente quando você acolher a si mesmo sem reservas, você poderá verdadeiramente aceitar o outro e se sentir aceito. Somente se você estiver liberto da vergonha pelo passado, poderá se sentir confortável com o outro. Você só será capaz de sentir que os outros lhe respeitam quando ficar

110 *Os quatro segredos sagrados*

em paz com o seu presente. Somente quando você se sentir inteiro você poderá estar inteiramente para o outro e responder com espontaneidade e amor. Somente a partir de tal estado você poderá guiar seus filhos na direção de uma bela vida.

Desvendando o conto de fadas

Talvez você conheça um conto de fadas dos irmãos Grimm chamado "O príncipe sapo". Ele foi adaptado para uma animação da Disney estrelada por Oprah Winfrey e explorado na poesia de Anne Sexton. Seu rico simbolismo foi analisado pelo mitologista Joseph Campbell.

Após uma princesa solitária perder sua bola de ouro em um rio agitado, um sapo falante concorda em ajudá-la a recuperá-la em troca de sua companhia. A princesa não ficou muito impressionada com seu amigo viscoso — pelo menos não antes de ele se transformar em um príncipe.

Em nosso mundo, é comum acharmos que nos apaixonamos por um membro da realeza, mas acabarmos horrorizados ao vê-los regredir para criaturas irritantes e tediosas que sujam a casa de lama e não parecem compreender uma palavra do que dizemos!

Muitos de nós sabem como os primeiros dias de um namoro podem ser emocionantes. Porém, mais cedo ou mais tarde, a realidade bate e vemos nosso parceiro como ele é *de verdade*. Como uma criança fazendo um boneco de barro, assim que a diversão termina, destruímos o relacionamento e voltamos para a procura: a próxima pessoa com certeza será a certa.

O que está acontecendo? Por que alguém por quem fomos completamente apaixonados de repente se mostra insensível, irritante ou chato? Por que essa relação, que começou com a promessa de um grande amor, acaba em frustração? Como nossos sonhos de companheirismo se tornam pesadelos dos quais urgentemente desejamos acordar?

Dizemos para nós mesmos que o motivo para nossos relacionamentos darem errado é óbvio: o problema era o outro, não eu! Se ao menos a outra

Seja um parceiro centrado no coração 111

pessoa tivesse sido um pouco mais carinhosa, um pouco mais responsável, um pouco mais romântica, tudo teria dado certo.

Não é assim que sempre pensamos?

Chegou a hora de desvendarmos o conto de fadas de nossas próprias vidas. Vamos deixar os velhos padrões de pensamento para trás e embarcar em uma verdade mais profunda.

Queremos compartilhar a história de uma de nossas alunas da academia, que cogitava terminar com o namorado.

Diante de uma semana especialmente turbulenta, cheia de aulas de ioga para dar e trabalho pessoal que precisava resolver, Moon estava nervosa. Ao pensar nos dias que viriam, não conseguia encontrar um momento de descanso. Ela estava irritada e inquieta enquanto pisava no acelerador do carro em uma estrada praticamente vazia. Seus reflexos não foram rápidos o bastante para perceber que outro carro vinha rápido em sua direção. Ela virou o volante para evitar a batida e acertou o meio-fio.

Por sorte, o airbag abriu, evitando maiores ferimentos. Graças aos anos de ioga, o corpo dela não sofreu um choque tão grande.

O carro, por outro lado, ficou extremamente danificado. Entorpecida, Moon seguiu para uma delegacia próxima para relatar o incidente. Ela não queria dar o contato dos pais para a polícia, pois não queria ouvir outro sermão sobre direção segura.

Enquanto tentava lembrar o contato de algum conhecido, de repente ouviu a voz familiar do namorado às suas costas. Completamente surpresa e aliviada, ela se virou e o encontrou parado ali. Ele disse que estava indo visitar um cliente e viu o carro batido de Moon na estrada.

Depois de perguntar se ela estava machucada, o namorado lhe deu uma bronca por sua desatenção, distração e muitas outras coisas. Ele continuou a reclamar enquanto lidava com as perguntas dos policiais e cuidava das formalidades.

Moon se debulhou em lágrimas de raiva e impotência, magoada com a insensibilidade e as acusações do namorado. Sentada em uma cadeira da delegacia, pensou: *De que adianta o amor se ele não consegue se conectar*

112 Os quatro segredos sagrados

emocionalmente comigo quando preciso? Como posso passar a vida com alguém assim? Esse não é o homem dos meus sonhos.

Ela estava começando a acreditar que não queria viver com alguém que, na sua opinião, não sabia demonstrar carinho. De repente, enquanto estava encolhida em um canto, engolindo as lágrimas e cogitando terminar o namoro, algo mudou. A revelação que ouvira no curso de que participara em nossa academia e que a deixara confusa alguns meses antes lhe veio à mente.

Seus estados de sofrimento são alimentados por sua auto-obsessão.

Era como se ela tivesse descoberto o buraco no barco que afundava. Em vez de colocar a culpa no namorado, Moon começou a observar seus *próprios* pensamentos obsessivos. Agora, o poder do segundo segredo sagrado da verdade interior ficava nítido.

Ela estava insatisfeita com a maneira como o namorado viera auxiliá-la. E não percebia toda a ajuda que ele lhe dava naquele momento. Nada mais importava além de suas expectativas. Nesse estado de sofrimento, até cogitava cortar relações com o homem que tentava lhe dar apoio. Ela ficou chocada com seus pensamentos, como tinha se tornado estúpida em sua raiva e desapontamento. E não havia nenhuma conexão naquele momento.

Enquanto Moon fechava os olhos e se conectava com o namorado, começou a sentir os sentimentos dele. A situação o deixara tão estressado quanto ela. Ele estava nervoso com tudo que poderia ter acontecido. Moon percebeu que a ansiedade afetava os dois da mesma maneira. Apenas suas formas de expressá-la que eram diferentes. Enquanto ela se conectava com os pensamentos do namorado, conseguiu ultrapassar todas aquelas demonstrações e alcançar o sentimento dele de protegê-la. Conseguiu senti-lo. Era uma experiência de unidade.

Quando abriu os olhos, ela o viu trocando um aperto de mãos com o policial. Chorosa, Moon o fitou enquanto ele se aproximava, sorrindo. Ela sabia que sua vida se tornaria mais bonita a cada dia que passasse agora que a verdade interior abrira seu coração para a experiência da conexão.

Por favor, pause aqui. Relaxe, respirando fundo e devagar. Volte no tempo para um momento de conexão pelo qual você tenha passado, quando sentiu o estado interior de outra pessoa ou acredita que tenham sentido o seu.

Essa experiência de conexão pode ou não ter vindo de um relacionamento íntimo. Mergulhe nela por alguns minutos. Se não conseguir se lembrar de nenhuma, por favor, não se preocupe. As memórias virão. Cada um de nós já passou por um momento assim, seja com um ente querido, um desconhecido, um animal de estimação ou na natureza.

As pessoas costumam nos perguntar por que a atração inicial acaba desaparecendo nos relacionamentos. Talvez porque a nossa natureza só esteja interessada em propagar a espécie, nossa química neural seja projetada para a atração e o fascínio durarem apenas até determinado ponto; depois disso, a capacidade de nos desenvolvermos internamente precisa tomar o controle.

Relacionamentos não acabam porque a atração diminuiu, mas porque nos acostumamos com uma consciência auto-obsessiva e que, portanto, facilmente se move para a desconexão. A única maneira de fazer um relacionamento ultrapassar a atração e alcançar o amor e a conexão duradouros é mudando nossa consciência, de separação para a de conexão. Quando nos libertamos de nossa habitual auto-preocupação, despertamos para o poder de uma consciência centrada no outro. O outro deixa de ser um estranho, pois começamos a sentir o que ele sente, e uma resposta espontânea surge: o amor.

O que estamos buscando?

Quando se trata de nossos relacionamentos mais importantes, o que buscamos?

114   *Os quatro segredos sagrados*

Conforto? Aceitação? Diversão? Há muitas respostas para essa pergunta, mas, em um nível muito básico, a única experiência pela qual nossos corações e corpos anseiam é o belo estado de conexão. A conexão é o elixir que faz nossos cérebros sobreviverem. Sem os belos estados de amor e conexão alimentando nossas almas, a vida se torna desoladora.

Sem o amor, é como se estivéssemos vagando pelo deserto, perseguindo a miragem de uma bela vida. Se não despertarmos para o belo estado de conexão, seremos incapazes de ter um amor duradouro. Sim, à primeira vista, nosso novo amigo pode parecer tudo que queríamos encontrar: com certeza, essa é a pessoa que nos dará apoio, que verá como somos especiais, que tornará a vida bela de novo.

Porém, nossa animação inicial sobre um novo romance costuma mascarar sinais de que estamos levando velhos estados de sofrimento para outro relacionamento. Assim que o deslumbramento da fase da lua de mel acabar, é apenas questão de tempo antes de uma palavra ou um ato impensado de nosso parceiro arrebentarem a costura que parecia prender dentro de nós todas as mágoas. O sofrimento logo se torna devastador, e o ciclo de mágoas recomeça.

Para piorar ainda mais a situação, cada nova decepção desgasta nossa capacidade de confiar e ser vulnerável. Passamos a questionar nossas escolhas — e passamos a nos questionar. Talvez usemos uma máscara de autossuficiência e independência, porém, por baixo de tantas fachadas corajosas, exista uma pessoa tão profundamente magoada que tem medo de arriscar ficar tão triste de novo.

É claro, somos todos seres humanos nos esforçando para administrar relacionamentos complicados. Ninguém está nos culpando por nossas mágoas e desapontamentos.

Mas problemas estranhos e inesperados surgirão se levarmos o estado de mágoa de um relacionamento para o próximo. Se não nos libertarmos do sofrimento de relacionamentos passados, corremos o risco de seguir os mesmos padrões e criar mais drama e desafios. Engatilhados por ações ou acontecimentos que remetam a lembranças dolorosas, acabamos entrando em um ciclo muito perigoso e destrutivo.

Os dois fundamentos

A presidente de uma multinacional certa vez nos perguntou: "Como faço para melhorar a distância que minhas viagens constantes causam entre eu e meu companheiro?"

Será possível diminuir a distância entre duas pessoas apenas reorganizando a agenda ou tirando férias juntos? Ou uma atitude mais profunda é necessária?

Você já se perguntou autenticamente por que você está em cada um dos seus relacionamentos? Quando descobrir uma visão espiritual para sua união, você saberá as respostas para a maioria das perguntas que rondam um relacionamento. Você saberá exatamente quando se afastar e quando se aproximar. Saberá o que devem fazer, juntos, com as suas vidas. Juntos, encontrarão a sabedoria para dissolver quaisquer desafios que possam surgir, construindo uma relação duradoura.

Por favor, pause aqui. Pense em um relacionamento atual ou passado. Pode ser com seu cônjuge ou companheiro, com um filho ou pai, com um amigo ou colega de trabalho – qualquer relação que seja realmente importante para você.

Pergunte a si mesmo: Por que me juntei com essa pessoa? Qual é a base para nosso relacionamento? Quais os alicerces de nossa relação? Esse relacionamento é baseado em algo tão superficial e passageiro quanto beleza, prazer, riqueza, status ou apenas humor, ou existe algo mais profundo? Estou com essa pessoa porque me sinto solitário e desejo desesperadamente alguma segurança ou aceitação, ou tudo se deve a um profundo senso de conexão?

Não se julgue. Apenas observe os alicerces desse relacionamento.

Se nossos relacionamentos se baseiam apenas em fatores externos, podemos ter a certeza de que são frágeis; um relacionamento assim entrará em colapso diante do menor dos abalos. Nossos corações vacilam a cada desafio, e começamos a questionar nossa escolha de parceiro. Sem o belo estado de conexão alimentando a alma, sentimos como se estivéssemos desperdiçando nossa beleza, juventude, riqueza ou tempo com nossos parceiros.

Mesmo aqueles de nós que nunca tiveram dificuldades materiais podem ter passado por esse estado interior de pobreza quando se trata de relacionamentos. Porém, nesse tipo de relacionamento não há tranquilidade ou sentimentos profundos. Você passa o tempo todo avaliando o outro e se sentindo avaliado. A paixão morre rapidamente a cada mudança. Ou seu afeto se volta de repente para o próximo candidato, que tem mais daquilo que você procura. A maioria das pessoas envolvidas com esse tipo de relacionamento vivem fazendo experimentos.

Estamos dizendo que não devemos aproveitar nossa beleza e riqueza? Que não devemos sentir prazer? Não. Porém, se essa é a base de um relacionamento, se o relacionamento não se torna mais profundo, a infelicidade é inevitável.

É comum que comecemos novas relações por estarmos guardando mágoas da anterior ou por nos sentirmos solitários e entediados. A novidade de um relacionamento pode acabar com o isolamento e a tristeza por um período, mas é apenas questão de tempo antes de o mesmo estado de consciência surgir nesse novo namoro. Não devemos entrar em um relacionamento para acabar com a tristeza; devemos fazer isso para compartilhar a plenitude de nosso ser.

Por favor, pause aqui. Pense em alguém que você ama ou com quem se importa. Respire fundo duas vezes enquanto mantém a imagem dessa pessoa em seu coração. Feche os olhos e fique parado por

Seja um parceiro centrado no coração 117

alguns segundos; permita-se sentir o que vier, sejam os belos estados de conexão, animação, paz e alegria, ou os estados de estresse de solidão, mágoa, tédio e indiferença. Com calma, sorria enquanto reconhece seu estado interior.

Anteriormente neste livro, compartilhamos o primeiro segredo sagrado de uma visão espiritual. Ele não serve apenas para indivíduos; relacionamentos também prosperam quando são construídos sobre uma base forte.

Um relacionamento só é capaz de florescer, superando decepções e desafios, quando ambos os parceiros compartilham uma visão para seu estado mútuo de consciência. A sabedoria de uma visão espiritual já salvou muitos casamentos e amizades, curou os corações de pais e crianças e criou uma cultura de cooperação real em muitas empresas.

Se nossos relacionamentos não forem baseados em uma visão espiritual, duas sombras nos perseguem na escuridão, criando separações e divisões: a sombra da mágoa e a sombra da monotonia.

Vamos nos soltar dessas armadilhas, entrando na luz da visão espiritual. Continue conosco nessa jornada rumo à verdade, à liberdade e à conexão.

A sombra da mágoa

Uma antiga fábula indiana revela a longa sombra que a mágoa lança em nossas vidas.

Era uma vez quatro amigos que caminhavam por uma floresta. Eles eram versados em várias artes e ciências. De repente, se viram diante de um amontoado de ossos.

O primeiro amigo disse aos outros:

— Ora, com o poder do meu aprendizado, posso unir os ossos e formar um esqueleto.

O segundo disse:

— Por favor, espere. Não sabemos o que sairá daí.

118 *Os quatro segredos sagrados*

O primeiro amigo não lhe deu ouvidos. E, cumprindo o prometido, reconstruiu o esqueleto de um animal enorme.

O terceiro amigo disse:

— Ora, com o poder do meu aprendizado, posso fazer os ossos desenvolverem carne e pele.

Mais uma vez, o segundo pediu:

— Por favor, espere. Não sabemos o que sairá daí.

Porém o terceiro amigo não lhe deu ouvidos. E, cumprindo o prometido, em uma questão de instantes os companheiros se viram diante da carcaça de um leão gigante.

Agora, era a vez do quarto amigo. Ele disse:

— Ora, com o poder do meu aprendizado, posso dar vida à carcaça.

O segundo amigo tentou alertá-lo, mas novamente foi ignorado.

Então ele subiu em uma árvore alta para se salvar. Assim que o quarto homem deu vida à carcaça, a fera entrou em ação e matou os três tolos sabidos em menos de um minuto!

É assim que as mágoas se transformam progressivamente em estados interiores destrutivos de separação. Quando nos machucamos, não paramos para dissolver a dor; com o tempo, nosso estado interior perturbado devora a nós mesmos e aos nossos relacionamentos.

Quantas vezes já aconteceu de você estar aproveitando uma noite com um ente querido e acabar sendo tomado por um humor terrível que pareceu surgido do nada? Ou talvez até saiba *exatamente* por que se irritou — mais uma vez, seu parceiro fez algo que lhe enlouquece:

Ele deu uma gorjeta altíssima de novo...

Ela ficou trabalhando até tarde...

Ele deixou nossa filha jogar aquele jogo de videogame terrível...

Ela ficou grudada nas redes sociais depois de ir para a cama...

Não importa o que engatilhou sua agitação, se você se torna incapaz de se conectar com seu parceiro, algo mais profundo está acontecendo:

A auto-obsessão por si mesmo está bloqueando o caminho da conexão.

Uma briga com um ente querido pode ter começado como uma pequena diferença de opinião ou um mal-entendido. Porém, a menos que prestemos atenção em nossos estados *interiores* de consciência, pequenas mágoas podem aumentar até se tornarem obsessões emocionais dolorosas que impossibilitem conexões.

Os três estágios de desconexão

Pense na desconexão como a raiz de uma espécie invasora. Seus olhos veem uma florzinha inocente ou um galhinho cheio de folhas, mas suas raízes são tão fortes e emaranhadas que têm o potencial de sufocar um jardim inteiro.

Primeiro estágio: Mágoa

A maioria das mágoas começa pequena: seu parceiro faz um comentário desnecessário. Você sente que suas opiniões não são respeitadas ou que seus esforços não são reconhecidos. Porém, se não fizermos uma pausa e analisarmos a situação de modo passivo, a mágoa passa para o próximo estágio.

Quando a mente seguir para o modo reclamação — "Ela está sendo tão insensível!" ou "Ele é tão sarcástico!" —, reconheça que você começou a trilhar o caminho da mágoa.

A maioria de nós tem uma compreensão básica desse tipo de ressentimento, e, mesmo assim, poucos sabem como se libertar dele. Então, quando a mágoa surge, não sabemos como agir. Ou mergulhamos nesse estado de sofrimento, ou o ignoramos. Mas não adianta varrermos nossa decepção para debaixo do tapete.

Precisamos fazer uma pausa e observá-la; caso contrário, acabamos transformando um monte de ossos em um esqueleto.

Segundo estágio: Julgamento

Se não pararmos e dissolvermos o estado de mágoa, ele passa para o próximo estágio de desconexão: julgamento.

Agora, você começou a tirar conclusões sobre seu amado: você o observa através da lente do julgamento.

Minha parceira se irrita com tudo. Ela não tem valores de verdade.

Meu parceiro é burro, incapaz ou não se compromete com nada. Ele é um medroso e nunca vai mudar.

Você reduziu o ser multifacetado na sua frente a um rótulo. Nesse estágio, costumamos nos concentrar nas diferenças; em especial, nós nos fixamos com nossas noções diferentes sobre o amor. Por exemplo, podemos ficar remoendo como somos mais românticos ou bonitos que nossos parceiros. Como nossa família é mais educada ou gentil. Como contribuímos mais para o relacionamento. E assim por diante. Por dentro, queremos provar para nós mesmos que somos diferentes e superiores ao outro.

Quando estamos interiormente empacados, fazendo comparações, como seria possível nos conectar?

Assim que começamos a julgar o outro, as coisas pioram ainda mais. Quando parceiros julgam, param de escutar. O respeito sai de cena. O que antes você achava fofo ou charmoso — as bobagens que falam, as musiquinhas bobas que cantam, os apelidos que recebe —, agora vira motivo de irritação. O estado interior de julgamento às vezes pode até escapar como expressões, palavras e decisões insensíveis que destroem o respeito e a confiança de um pelo outro. Os dois acabam se sentindo ainda mais tristes, decepcionados e solitários.

A sombra da mágoa se tornou densa e mais poderosa. Você acrescentou carne e pele ao esqueleto.

Terceiro estágio: Aversão

O que começou como mágoa pode facilmente criar um clima de julgamento. Esse é o ambiente perfeito para o surgimento do terceiro estágio de desconexão: a aversão.

Seja um parceiro centrado no coração 121

Nessa fase, a mera presença do parceiro é irritante e dolorosa. Você não aguenta as atitudes, os comportamentos ou as ações do outro.

A química do seu cérebro está tão alterada que você só consegue ver seu parceiro de maneira negativa, e essa negatividade parece ampliada. É impossível enxergar bondade. Sua experiência com o outro é totalmente distorcida. É um estado de perda total de respeito pelo outro.

Nesse estágio, passa a ser doloroso de verdade pensar em si mesmo pertencendo a outra pessoa. Suas decisões e ações não são apenas insensíveis, mas projetadas para causar dor.

Agora, o que pode ser feito?

Se você for como muitas pessoas, sua reação será um pouco como isso: *Estou magoado. Estou decepcionado. Eu me sinto desvalorizado. Solitário. Hora de tomar um café chique, um martíni duplo ou de comer um biscoito de chocolate!*

Essas fugas cheias de dopamina podem melhorar temporariamente seu humor, mas a amargura voltará. Quando não lidamos com nossas decepções e anseios, com a raiva e a ansiedade, é impossível sentir alegria, gratidão e conexão. Você estará tão ocupado se debatendo contra seu coração partido que não terá forças para deixar o belo estado de amor entrar. E a carcaça ganha vida.

Nesse ponto, podemos estar no meio da viagem mais romântica do mundo, mas o estado doloroso da solidão não irá embora. A sombra da mágoa obscurece seus sentimentos amorosos. Ficamos protelando no mesmo relacionamento ou começamos a busca por um novo parceiro. Com frequência, perdemos toda esperança e confiança na possibilidade de encontrar um amor duradouro e passamos a nos envolver em relacionamentos fúteis e superficiais. Porém, o tempo todo, sentimos um vazio interior doloroso; inconscientemente buscamos por algo real.

Em nossa experiência, a compreensão dos estágios de desconexão pode nos ajudar a reconhecer nosso estado interior antes de nos aprofundarmos demais pela trilha da aversão. Lembre que você tem o poder de escolher a conexão, não importa em qual estágio esteja.

122   *Os quatro segredos sagrados*

Um dos segredos mais importantes para se ter uma vida de conexão é a sabedoria e a habilidade de se libertar do estado de mágoa. Até os melhores relacionamentos são afetados por decepções. Não importam os motivos, a dissolução da mágoa é essencial para termos uma vida plena de conexão e amor duradouro.

No interior da Índia, os aldeãos criaram um método simples, mas esperto, de capturar os macacos parrudos e bagunceiros que tentam roubar suas casas. Sobremesas aromáticas e suculentas são deixadas em buraquinhos de árvores. Animados, os macacos enfiam uma mão no orifício, mas o espaço é pequeno demais para que consigam retirá-la com o punho fechado sobre o doce. Eles se tornam apegados demais à guloseima, incapazes de soltá-la, e acabam sendo capturados e levados para matas afastadas da civilização.

O mesmo acontece quando ficamos agarrados à mágoa e à decepção. Não importa nossa certeza de que é correto manter nossos estados de sofrimento; cada um de nós deve se perguntar: O que é mais importante, permanecer com a mágoa ou nutrir nossos relacionamentos?

A sombra da monotonia

Quero compartilhar a história de um casal que veio do leste para a O&O Academy. A administração da academia aguardava por eles, mas os dois não apareceram. Finalmente, um dos membros da equipe recebeu um telefonema dizendo que ainda estavam no táxi que os levaria até o campus. E, dentro do táxi, tinham a pior briga de suas vidas.

Eles estavam gritando um com o outro. Ele estava furioso, ela chorava, e decidiram voltar para casa. O membro da equipe escutou o relato com calma e sugeriu que, já que haviam saído de casa com a intenção de encontrar o amor, talvez devessem pelo menos fazer uma última tentativa. Então o casal continuou o trajeto e chegou ao campus.

A realidade da situação era a seguinte. Doris queria o amor de Clark mais do que tudo e se sentia completamente negligenciada; como resultado,

Seja um parceiro centrado no coração 123

estava fervilhando de mágoa. Clark, por outro lado, tinha suas dúvidas sobre a relação. Nos últimos meses, seu pensamento obsessivo recorrente era de que talvez não fosse o homem certo para Doris — talvez não fosse homem o suficiente —, e isso só lhe trazia insatisfação.

Ele estava passando por um momento difícil nos negócios. O estresse das perdas constantes o fizera engordar, e seu cabelo se tornava cada vez mais ralo. Tudo lhe causava um senso de inferioridade — seu corpo, sua situação profissional, sua incapacidade de amar.

Quando Clark e Doris começaram o quarto dia do processo, ambos já tinham se acalmado o suficiente para conseguir observar suas próprias verdades interiores. Clark entendeu que seu problema real não era Doris. E se tornou extremamente consciente do fato de que lutava contra si mesmo. Enquanto se concentrava apenas nos próprios desafios, distanciava-se dela. Ele percebeu que estava mergulhado em um estado de desespero e inferioridade, e era isso que causava a distância entre ambos.

Durante a meditação do Campo Ilimitado com Krishnaji e comigo, ele despertou para o estado de inteireza. Sentiu o poder da inteligência universal atravessar sua consciência. E, conforme a experiência mística transcorria em seu interior, teve a certeza absoluta de que a vida se tornaria bela e sua sorte mudaria. Naquela vastidão, sua luta consigo mesmo perdeu força. Clark despertou para a verdadeira beleza de Doris. Era como se a encontrasse depois de muito tempo separados.

Doris, por outro lado, percebeu no processo que era um ser humano desconectado — e que de fato não sabia amar. Desde a adolescência, ela confundia amor com uma ânsia por ser amada. No processo, não resistiu à verdade sobre sua obsessão por si mesma. Um profundo senso de humildade surgiu em sua consciência, ajudando-a a se perdoar pelo sofrimento que causara a Clark e a si mesma.

Após o processo, os dois encontraram um parceiro romântico e um amigo verdadeiro um no outro. O relacionamento deles continua se manifestando com enorme apreço de um para o outro.

124 Os quatro segredos sagrados

Talvez você não esteja consumido pela mesma sombra de mágoa que Clark e Doris sentiam, porém, mesmo assim, nossos relacionamentos parecem dolorosamente rasos quando não vivemos em um belo estado de conexão. Por que não estamos encontrando a satisfação que buscamos?

Às vezes, o problema não surge entre o casal, mas na vida e nos desafios que ela impõe. Incapazes de lidar com as dificuldades, sucumbimos a um estado sombrio de preocupação, irritação ou ansiedade. Atolados nesses estados de aflição, acabamos nos deixando consumir pela tentativa furiosa de resolver problemas, a maioria dos quais é inexistente, imaginária ou exagerada. Facilmente ofendidos, mergulhamos em uma missão de auto-defesa. E nos tornamos incapazes de lidar com situações reais de maneiras que criem mais felicidade e bem-estar para todos.

Nosso estado interior nos cansa e exaure. Nossa experiência sensorial se torna sem graça. Desenvolvemos uma mente com pensamentos antigos, sem qualquer inovação. Encontrar com o outro deixa de ser emocionante ou legal. O relacionamento se torna deteriorado — talvez oferecendo certo senso de segurança ou conforto, mas nenhum prazer interior. Nós nos agarramos ao outro de maneira possessiva, não porque adoramos viver juntos, mas porque temos medo de viver sozinhos.

Isso nos lembra de uma velha história chinesa. É o conto de um homem que tinha medo da própria sombra e vivia apavorado com o som dos próprios passos.

Um dia, enquanto ele caminhava, as nuvens se afastaram e o sol criou uma sombra enorme. O homem entrou em pânico e, tentando fugir dela, começou a correr. Não importava quão rápido se movia, era impossível escapar de sua sombra e do som de seus passos. Ele continuou correndo até desmaiar de cansaço e morrer.

Se esse homem tivesse parado e sentado sob uma árvore, o barulho dos passos acabaria, e a sombra teria desaparecido.

Quando nos deparamos com a segunda sombra — a sombra da monotonia — nos cobrindo, tentamos fugir, indo à academia, procurando divertimento ou nos tornando viciados em trabalho, álcool, compras ou até em falar — algumas pessoas não conseguem parar de tagarelar, dessa forma fugindo da sua decepção com a vida.

Às vezes, para fugir desse vazio interior desconfortável, nós nos jogamos em relacionamentos que nos dão picos instantâneos de dopamina. Se apenas conseguíssemos parar e observar essa sombra sem fugir dela, nós nos aproximaríamos da luz e evoluiríamos para o belo estado de conexão.

Por favor, pause aqui. Quero lhe perguntar uma coisa. Reflita profundamente sobre a resposta. Se a sua vida fosse um filme, qual seria seu tema central agora? Seria você?

O propósito de todos os personagens do filme é lhe dar mais destaque? Ou você se vê com o papel de melhorar a vida dos outros personagens e trazer mais prazer para o filme da sua existência?

O labirinto da auto-obsessão

Quando a autopreocupação se torna um hábito, a nossa mente tende a vagar pelo passado ou pelo futuro. Podemos nos perder tanto pelos caminhos da lembrança de algo que aconteceu há meia hora, há um ano ou há uma década. Também nos perdemos pelas trilhas imaginárias das futuras possibilidades dolorosas.

Na antiga mitologia da ilha de Creta, contavam lendas sobre escravos sendo jogados em um labirinto impossível de escapar. Nas profundezas dele havia um monstro gigantesco chamado Minotauro, que tinha a cabeça de touro e o corpo de homem. Os escravos acabavam sendo comidos pelo Minotauro.

Quando nos habituamos a viver no passado ou no futuro, seguimos por esse labirinto interminável em que somos engolidos por nossos próprios estados de ansiedade ou arrependimento.

126   *Os quatro segredos sagrados*

Nós nos tornamos pessoas amarguradas que não conseguem estar presentes para o outro. E nos perdemos nas lembranças de como um relacionamento deve ou não deve ser.

Para superar as decepções da vida, buscamos desesperadamente estímulos ou prazer. Porém, a mente que só anseia por satisfação se torna facilmente entediada, já que está sempre buscando experiências novas e melhores.

Os estados de mágoa e monotonia são auto-obsessivos. Nessas duas condições, você só se preocupa consigo mesmo. O outro não existe quando estamos desconectados.

Sabemos que a leitura desta jornada da vida pode ter trazido à tona algumas verdades desconfortáveis sobre os relacionamentos mais importantes da sua vida. Muitas pessoas que embarcam nessa caminhada se surpreendem ao descobrir que suas relações foram construídas sobre alicerces instáveis. Outras sentem medo de terem se afastado demais do parceiro para conseguir consertar as coisas, apesar de terem tido uma conexão profunda no passado.

E elas nos perguntam: Se nossos relacionamentos têm uma base instável, será que podem ser salvos? Podemos encontrar uma maneira de nos conectarmos mais? E se já temos uma profunda conexão espiritual com nossos parceiros, como mantemos essa chama acesa?

A luz da Visão Espiritual

Como nos libertamos desse inverno interior doloroso?

Não apenas lidando com aceitar o sofrimento. Não apenas administrando o tédio que sentimos em nosso relacionamento. Não basta nos distrairmos das mágoas e inseguranças.

Como podemos encontrar uma conexão e despertar desses pesadelos autoinfligidos? A resposta é: com o apoio de uma visão espiritual para nosso relacionamento.

Seja um parceiro centrado no coração 127

Vamos voltar para o primeiro segredo sagrado por alguns instantes. A visão espiritual pode ter um forte poder na formação de conexões. As pessoas têm visões espirituais para seus negócios, suas carreiras, sua saúde. Lembre que nossa definição de "visão espiritual" é uma visão para nosso estado interior que afeta tudo que fazemos e criamos.

Pense nisto: você quer ser apenas um companheiro, um amigo, um líder — ou um companheiro, um amigo, um líder *feliz e realizado?*

Essa é uma pergunta séria e de extrema importância. Porque, sem uma visão espiritual, você levará o estresse para tudo que faz. Até mesmo os melhores relacionamentos e sucessos não lhe trarão alegria.

Mais uma vez, é preciso lembrar que só podemos viver em dois estados: o de estresse ou o belo estado de ser. Se você não estiver no belo estado de ser, a única alternativa será o estresse.

A decisão mais importante que alguém pode tomar sobre um relacionamento não se trata de onde comemorar o aniversário de 1 ou de 25 anos juntos, nem a lista de convidados ou até mesmo como será a festa. A questão fundamental é: em que estado vocês vão se relacionar nesse dia, em todos os dias antes dele e em cada dia depois desse dia?

É confortável viver em estados de desconexão, ou se tornou essencial para você viver em um belo estado de amor, prazer, compaixão e gratidão um pelo outro? Você tem uma visão do afeto que deseja sentir pela sua pessoa amada? Tem uma visão da alegria que deseja levar para a vida do outro em todos os momentos em que estão juntos?

Será que você consegue tornar o adjetivo tão importante quanto o substantivo? Será que é capaz de deixar de ser apenas o companheiro de alguém e passar a ser um companheiro amoroso, um companheiro conectado, um companheiro alegre?

A Visão Espiritual se trata de você viver em um belo estado de ser, conectando-se com as experiências interiores das pessoas que ama.

Uma Visão Espiritual começa de maneira simples, quando nos perguntamos:

Em que estado quero viver?

128 *Os quatro segredos sagrados*

Em que estado quero que meu amado viva?
Como posso impactar o estado interno do meu amado e torná-lo ainda mais belo?

Quanto mais nos fazemos essas perguntas com coragem e honestidade, mais difícil se torna justificar a permanência nos estados de sofrimento de mágoa, julgamento ou aversão, seja por uma hora, um dia, um ano ou uma década. Viver desconectado se torna inaceitável. Se isso parece impossível, nós prometemos a você: não é. Quando nos comprometemos a viver em um belo estado de conexão, a monotonia e a separação desaparecem, e a vida parece ganhar novo fôlego.

Porém, para isso, geralmente precisamos repensar nossos conceitos de amor e conexão. Há um defeito fundamental na maneira como a sociedade moderna compreende as ligações entre as pessoas. É um engano alimentado pela cultura. Como resultado, muitos de nós anseiam por algo que nunca sentimos.

O belo estado de conexão não se trata de satisfazer as expectativas do outro de maneira obsessiva nem da virtude cultivada de colocar as necessidades do amado acima das próprias. Não se trata de planejar dar para ganhar. A conexão não é um sacrifício nem uma estratégia; é um estado de ser.

Um relacionamento baseado em conexão não significa um relacionamento livre de conflitos. Não significa que você ou seu parceiro nunca mais se sentirão chateados ou assustados, sozinhos ou irritados.

Significa que você dissolverá estados de separação no momento em que surgirem, desenvolvendo um estado de conexão no seu interior.

Em um belo estado de conexão, é uma alegria se relacionar; a própria vida se torna uma experiência alegre. Quando convidamos esse tipo de amor a entrar em nossas vidas, não nos sentimos mais separados do outro. Somos seres diferentes, sim, mas extremamente conectados. A tristeza do outro lhe afeta. A alegria dele lhe dá prazer. Vocês se incendeiam com o seu amor e total presença.

Queremos lembrar que o amor e a conexão não são encontrados apenas entre companheiros românticos. Esses belos estados de ser podem ser sentidos com amigos, filhos, netos, clientes ou até com completos desconhecidos.

Sunil visitou nosso campus para uma sessão de mentoria particular com Krishnaji.

— Sou uma pessoa muito amorosa — disse ele para nós assim que chegou. — Um filho muito carinhoso. Meus pais até moram na casa ao lado da minha.

Porém, ao se aprofundar em si mesmo, Sunil percebeu que, apesar de suas atitudes serem responsáveis e carinhosas, seu estado de consciência era desconectado. Ele não aguentava ouvir o pai falando por mais de dez minutos: era algo que o deixava incomodadíssimo.

Na adolescência, ele tomara a decisão de largar a escola e trabalhar em Mumbai. O pai ficara chocado e o pressionara a continuar os estudos; porém, acabara cedendo, contanto que o filho mandasse metade do salário para casa todo mês.

A experiência de Sunil em Mumbai foi dolorosa. Ele sofreu muitas crueldades; o clima da cidade não o deixara nem um pouco confortável. Quase imediatamente, ligara para casa, pedindo para retornar, mas o pai insistira para que continuasse onde estava. Nos seis meses seguintes, Sunil telefonara para casa todos os dias, implorando para voltar. Finalmente, amargurado com o fato de que o pai se recusava a lhe ajudar, ele parou de pedir, mas continuou mandando dinheiro para casa.

Em seu aniversário de 21 anos, seu pai lhe deu um presente.

— Passei esse tempo todo investindo o dinheiro que você mandou para casa — explicou ele.

Sunil pegou o cheque e o jogou na mesa.

— Não preciso disso — ele disse. — Posso ganhar dez vezes mais que esse valor.

Ele nunca superou a tristeza de sentir que seus pais o abandonaram em seu momento de maior necessidade. E, nesse estado de sofrimento, tornou--se obcecado em provar ao pai que poderia vencer na vida. A decisão de cuidar financeiramente dos pais fora dele; aquela era sua maneira de dizer: "Não sou o vilão da história."

130 *Os quatro segredos sagrados*

Quando Sunil se apaixonou pela mulher com quem eventualmente se casaria, também encarara o relacionamento como outra maneira de "vencer". Ela foi muito paciente com seu comportamento — até terem uma filha.

— Pare de zanzar por aí — avisou a esposa. — Quero que você fique em casa com nossa filha e me ajude.

Sunil achou que ela estava sendo controladora demais, então se recusou. Com o tempo, os dois se divorciaram e foram morar em partes diferentes do país. Desde então, ele tentava cumprir seu papel como pai, vendo a filha algumas vezes por ano, quando ela podia lhe visitar, mas aquilo não passava de um dever.

A maior descoberta sobre seus relacionamentos ainda estava por vir.

Em um profundo estado de quietude, após sair de uma sessão mística da meditação do Campo Ilimitado que fazia parte do seu curso, Sunil viu um caranguejo atravessando a passarela.

Seu coração e cérebro explodiram com sentimentos de compaixão e amor. Ele sentiu uma ligação imensa, um senso de pertencimento e cuidado pelas árvores, pelos peixes no oceano, pelas crianças cujas risadas atravessavam o jardim. Seu coração despertara para o amor.

Ah, meu Deus, pensou ele. *Então essa é a sensação de amar! Isso é o que significa sentir, amar algo.*

Esse estado o transformou. A intensidade da experiência diminuiu após alguns dias, mas Sunil nunca mais foi o mesmo. Ele decidiu morar meio período na mesma cidade em que a filha de 8 anos vivia com a mãe, para passar uma semana por mês com ela.

O primeiro dia que passaram juntos, a menina o tratou com muita hesitação — como sempre fizera.

Porém, desta vez, ele sabia como se conectar. O estado de amor tomou conta de tudo enquanto ele se conectava aos desejos e pontos de vista dela, e às picuinhas com os amigos da escola. Após algumas horas, a filha não conseguia parar de falar, toda feliz.

Quando ele nos contou sobre a transformação no relacionamento entre os dois, disse:

— Meu peito está dolorido, porque, sempre que vou buscá-la na escola, ela me vê de longe, sai correndo e pula em mim.

Sunil também encontrou uma companheira linda que se considera afortunada por ter achado um homem assim. No trabalho, além de compartilhar os lucros trimestrais, ele também se concentra em deixar os funcionários mais felizes.

A história de Sunil é o caso clássico de uma pessoa que desperta para o amor — e que agora é capaz de amar todo mundo. Essa jornada rumo à verdade requer extrema coragem e paixão. Não é algo para amantes preguiçosos que desejam apenas prazer instantâneo. É um caminho para aqueles que desejam transformar sua consciência.

É importante ressaltar que nem todos que embarcaram nessa jornada decidiram permanecer com seus companheiros atuais. Sim, é verdade que viver em um belo estado de ser afetará profundamente as pessoas ao seu redor. Seus relacionamentos se tornarão mais harmoniosos e felizes de maneira natural. Você atrairá pessoas boas e amorosas para sua vida.

Mas esse compromisso com a verdade interior também ajudou muita gente a fazer as pazes com o fato de que estão seguindo caminhos muito diferentes de seus parceiros. Viver em um belo estado de ser não se trata de permanecer em situações infelizes ou perigosas, mas de cultivar uma quietude interior para podermos tomar decisões a partir de um estado de conexão e amor.

Se isso parece assustador, tome coragem: o estado de amor e conexão pode ser alcançado por todos aqueles que são valentes o suficiente para percorrer a jornada até o segundo segredo sagrado da verdade interior.

Por favor, pause e preste atenção no seu coração. Sinta como se estivesse jogando o ar para dentro dele. Respire assim por um tempo. Passe um tempo sozinho, caminhando ou sentado consigo mesmo. Medite sobre como seria viver livre de todas as dores emocionais.

132 *Os quatro segredos sagrados*

Visualize como seria olhar nos olhos de seu companheiro como se o visse pela primeira vez. Sinta como seria acordar todo dia com um sorriso no rosto e participar da vida das pessoas que ama, já que você não está mais perdido em pensamentos perturbadores. Permita que essa paixão por viver em um belo estado de ser crie raízes em seu interior.

A essência de ser humano

Você já pensou no que significa ser humano? Seria nosso objetivo apenas lutar para sobreviver, alcançar alguma ambição, procriar, envelhecer e *puf...* sumir?

O que significa viver de verdade? Nós temos o potencial de passar por estados extraordinários de consciência, de nos sentirmos conectados com os outros, de nos sentirmos conectados com *tudo*. De nos admirarmos com o movimento da vida.

Esse é o potencial da consciência humana: conectar-se, amar, tornar-se um. Sentir amor ilimitado; vivenciar um estado total de integração. Essa é a potência e o propósito da vida humana, do cérebro humano e do corpo humano.

Viver com um senso de conexão significa se afastar da absorção em nós mesmos e seguir para a conexão. Assim funciona uma transformação autêntica. E é assim que vivemos de verdade. Sua atenção à tristeza e à alegria do outro é o presente mais nutritivo que você pode dar.

A cura de um relacionamento começa quando seu parceiro sente que é sentido por você. Não importa se vocês magoaram um ao outro no passado. Com o belo estado de conexão, a distância diminui. Quando você dá essa atenção para seu filho, seu amigo, seu pai, seu irmão, encontra a essência de uma família conectada.

Ao nutrir uma visão espiritual pelas pessoas com quem trabalha, você se sente inseparável delas. Não há exploração nem o medo de ser explorado, assim como não há um desejo de dominar nem o medo de ser dominado, ou fofocas e alienação. Você se sente em casa. Você sente suas ansiedades e desejos, sua frustração e o desejo de ser aceito. Nesse belo estado de conexão, uma nova cultura de apoio e cooperação se torna possível.

Com uma visão espiritual, há um novo senso de conexão com o planeta. A natureza não é um bolo de lama que pisoteamos. Ela faz parte de você, e você faz parte dela. Surge uma compaixão por todas as formas de vida. E essa visão espiritual transformará a maneira como você pensa, como se relaciona, como age. A vida se torna, de fato, bela.

Exercício da Soul Sync: Como se tornar um parceiro centrado no coração

Há maneiras diferentes de adaptar a prática da Soul Sync para lhe ajudar a receber o estado de amor. Talvez você queira pedir ao universo ou determinar a intenção de criar relacionamentos mais sólidos e amorosos.

Também é possível praticar a Soul Sync com um parceiro, com a intenção de se conectar todas as manhãs antes de o dia começar, ou todas as noites antes de dormir.

Siga as cinco primeiras etapas descritas nas páginas 36-38.

1. Oito respirações conscientes.

2. Oito respirações conscientes, zumbindo durante a expiração.

3. Oito respirações conscientes, observando o intervalo entre a inspiração e a expiração.

4. Oito respirações conscientes enquanto entoa "Ah-hum" ou "Eu sou" em silêncio.

134 *Os quatro segredos sagrados*

5. Oito respirações conscientes enquanto imagina seu corpo se expandindo em luz.

Desta vez, na sexta etapa, sinta seu coração despertar para o belo estado de conexão no qual sente seu amado como se não houvessem barreiras entre vocês. Sinta um amor profundo irradiar do seu coração para o do outro, curando o outro e preenchendo-o com um belo estado de amor.

IV.

O quarto segredo sagrado:
Pratique a ação espiritual correta

O quarto segredo sagrado:
Pratique a ação espiritual correta

Por Krishnaji

Como crescemos a partir de desafios difíceis sem ter medo deles?

Nós já explicamos como o segredo sagrado da inteligência universal pode nos ajudar em momentos difíceis. Porém, nosso objetivo não é apenas ajudar você a solucionar desafios. Também queremos compartilhar como se transformar nesse processo.

O quarto e último segredo tem a capacidade de impactar toda a rede da vida.

É o poder da ação espiritual correta.

Na época da escola, aos 16 anos, eu tinha o hábito de sair de casa correndo na frente dos meus amigos, pegando os atalhos mais rápidos para chegar primeiro. Um dia, nesse trajeto, enquanto atravessava de bicicleta uma estrada por onde nunca passara, sofri um pequeno acidente. Esbarrei em uma trabalhadora imigrante de meia-idade que atravessava a rua ao mesmo tempo, e nós dois caímos no chão. Na Índia, quando esse tipo de coisa acontece, é comum que uma multidão se reúna ao seu redor. Quase sempre, as pessoas ficam do lado do mais pobre. Não importa quem cometeu o erro. Nesse caso, é claro, o errado era eu, e a multidão

138 *Os quatro segredos sagrados*

começou a se aglomerar. Eu estava machucado e com medo. A mulher imediatamente se ergueu e mandou todo mundo ir cuidar de suas vidas. Depois, aproximou-se de mim e me ajudou a levantar. Ela também me ajudou com a bicicleta, e me levou para seu pequeno barraco improvisado do outro lado da rua. Então, limpou meus machucados e me perguntou se eu conseguiria ir para a escola. Abençoando-me com muito amor, ela disse que eu deveria me tornar um homem culto e que faria grandes e boas ações no mundo.

Fiquei chocado. Para ela, o ideal de justiça não era importante no momento. Ela só queria prevenir que a multidão me machucasse. Após agradecer, enquanto seguia para a escola na bicicleta, eu fiquei me perguntando: Como ela tinha agido com tanto amor em relação a um estranho? Suas ações não tinham se baseado em justiça nem em um senso de moralidade ou qualquer tipo de lei. A única coisa que importara fora preservar meu bem-estar.

Esse incidente teve um profundo impacto em mim, já que foi a primeira vez que comecei a pensar sobre a natureza das ações.

Qual é a ação correta a tomar em determinada situação? Essa pergunta pode se referir a casos grandes e pequenos, não pode? Como sabemos se o que estamos fazendo é certo ou errado? Existe uma fórmula?

Nós não usaremos o termo "fórmula" para descrever o segredo sagrado da ação espiritual correta por temermos que isso limite você a um raciocínio inflexível e rigoroso. A mulher que me salvou da multidão raivosa com certeza não seguia o passo a passo de um guia; seus atos foram espontâneos e naturais, saídos de um estado de profundo cuidado.

Porém, quantas de nossas ações são assim? A verdade é que algumas das pessoas mais belas que conhecemos podem ter dificuldade em tomar atitudes. Assim como o rei de dez cabeças, Ravana, cuja história contamos anteriormente, elas têm desejos e crenças tão conflitantes sobre o que deveria e não deveria ser que até o menor dos atos pode ser difícil demais.

Hoje em dia, em nossa academia, Preethaji e eu definimos a "ação espiritual correta" como uma comunicação com o universo. Nós constantemente enviamos informações para essa expansão infinita de consciência com nossos estados de consciência. Sempre que chegamos a um belo estado de ser, cuja essência é a conexão, entramos em um alinhamento magnífico com o tecido unificado da consciência.

Queremos compartilhar certos princípios para tomar ações corretas que lhe ajudarão a absorver a força dessa fonte. Nós chamamos os atos baseados nesses princípios de ação espiritual correta. E se ela levar o universo a oferecer uma solução para seus problemas, pode apostar que uma série inesperada de eventos ocorrerá para impulsionar sua vida para a frente.

Na prática, a ação espiritual correta ocorre quando não estamos tentando desesperadamente controlar o fluxo da vida, mas, em vez disso, respondemos aos acontecimentos conforme surgem a partir de um poderoso estado de consciência.

Vamos explorar três princípios fundamentais das ações espirituais corretas. Eles podem nos ajudar a tomar decisões importantes ou bobas. Lembre-se de não encarar esses princípios como leis rígidas, mas como inspiração. Quanto mais tempo você passar cultivando um belo estado, mais natural se tornará o quarto segredo sagrado da ação espiritual correta.

PRIMEIRO PRINCÍPIO: *A ação espiritual correta ocorre depois de dissolvermos nosso conflito interior, não enquanto ainda estamos imersos nele.*

É comum que tomemos decisões sobre começar ou terminar um relacionamento enquanto nos sentimos irritados ou solitários. Nós abandonamos empregos por estarmos cheios de insegurança ou frustração. Resolvemos comprar ou vender algo enquanto sentimos medo de uma recessão. Como ações sensatas podem surgir de um estado insensato?

Todos os estados de sofrimento sabotam a inteligência. Eles distorcem nossa percepção da realidade. Você já notou que a raiva ou a frustração pode causar uma pressa exagerada, enquanto o ressentimento, a preocupação e a solidão podem nos paralisar ou nos fazer correr em direções das quais acabaremos nos arrependendo?

Algumas pessoas passam horas, semanas, meses ou até anos vivendo em um estado interior de confusão. É como se estivéssemos dançando com uma batata quente em nossas mãos. Nós tomamos decisões por desespero, não por um senso de abundância, fazendo malabarismo com o problema até não conseguirmos mais lidar com ele.

O caminho para a ação espiritual correta começa quando paramos, diminuímos o ritmo e dissolvemos nosso estado de sofrimento interior por meio da prática da Mente Serena. Apenas quando o estresse é dissipado, conseguimos ver a verdade e termos revelações.

Um participante de um dos cursos oferecidos por nossa fundação humanitária para jovens é um exemplo perfeito disso. O rapaz de vinte e poucos anos odiava absolutamente tudo em sua vida. O mais novo acréscimo à sua lista de reclamações? O emprego novo em uma empresa de telemarketing que vendia picles. Ele detestava tudo naquele trabalho, dos fones de ouvido à maneira como as pessoas reagiam ao ouvir que aquela ligação tinha o propósito de vender alguma coisa. Detestava o salário irrisório. Mas não podia pedir demissão, pois precisava ajudar a família com o dinheiro; não queria ouvir os sermões e as acusações do pai idoso.

O rapaz estava frustrado por viver uma existência anônima em uma cidade onde sua presença não fazia nenhuma diferença para ninguém. Voltar para casa não era uma opção, já que ele odiava o pai. O homem era um ceramista comum, que ganhava a vida fabricando potes para água potável para o vilarejo. Não havia demanda local para outro tipo de trabalho, então o pai nunca tentara se aprimorar. A mãe era uma dona de casa que cozinhava para a família e trabalhava na fazenda de um homem rico. O rapaz odiava seu lar pobre. Então, sentia como se não tivesse para onde ir nem nada significativo para fazer.

Pratique a ação espiritual correta 141

Um dia, em uma de suas ligações rotineiras para vender picles, ele entrou em contato com um dos voluntários de nossa fundação. Os dois conversaram por muito tempo, e ele foi convidado para participar de um dos nossos eventos para adolescentes em um colégio. Conforme o rapaz frequentava o curso, percebeu que estava destruindo sua vida com aquele autodesprezo. Após ser guiado por um processo profundo, ele se sentiu livre da carga da raiva que sentia do pai e de si mesmo.

No feriado seguinte, quando foi visitar o vilarejo, o rapaz sentou-se em silêncio na cozinha, observando a mãe cozinhar. Pela primeira vez na vida, sentia-se extremamente conectado com ela. Ele a ajudou a preparar o jantar da família. E percebeu que, enquanto fazia tarefas simples em casa, sentia-se mais feliz do que em muitos anos. Nos dois dias seguintes, ele ajudou a mãe com todas as refeições, saboreando a comida que cozinhavam juntos. Suas papilas gustativas ganhavam vida com o aroma e o sabor dos alimentos. Seu coração despertou para uma nova paixão. Com uma clareza e uma coragem imensas, o rapaz pediu demissão do emprego na empresa de telemarketing, voltou para o vilarejo e aprendeu a cozinhar as variedades de comidas nativas e seus inúmeros ingredientes secretos com a mãe e outras mulheres locais. Hoje, ele está empregado em um dos nossos campi como principal chef. E faz de tudo para suprir as necessidades culinárias de nossos alunos e fazê-los se sentirem em casa. Ele é um chef em um belo estado de ser. E seu estado acaba se traduzindo no gosto incrível de tudo que cozinha.

Oportunidades supreendentes e prosperidade surgirão se você refletir sobre suas decisões de vida após dissolver seus estados de sofrimento, não antes.

Vamos conversar sobre o segundo princípio da ação espiritual correta agora.

SEGUNDO PRINCÍPIO: *A ação espiritual correta é executada a partir de um belo estado de ser.*

142   *Os quatro segredos sagrados*

Em um belo estado, você naturalmente pensa no seu bem-estar, assim como no bem-estar dos outros. Quando estamos em um belo estado de ser, nós nos conectamos à experiência de todas as partes importantes.

A ação espiritual correta não se trata de sacrificar nosso bem-estar pelo do outro. Com frequência, nós nos tornamos amargurados e nos arrependemos dos sacrifícios que fazemos. Às vezes, também esperamos gratidão daqueles por quem nos sacrificamos. E quando sentimos que não fomos respeitados o suficiente, entramos nos estados de sofrimento de desconexão, o que acaba levando a um outro conjunto de problemas.

A ação espiritual correta também não significa ignorar o bem-estar das pessoas ao seu redor. Ela surge de um belo estado de conexão, no qual é impossível ignorar o bem-estar do outro. Em situações complicadas nas quais os sentimentos de mais de uma pessoa estão em jogo, você acaba agindo da maneira que acredita causará menos danos.

Finalmente, o terceiro princípio:

TERCEIRO PRINCÍPIO: *A ação espiritual correta não é motivada por ideais.*

Todos nós temos ideias e ideais importantes que moldam nossas vidas. Mas o que acontece quando permitimos que eles se tornem tão enraizados em nossa identidade que influenciam todas as nossas ações e nos fazem ignorar as circunstâncias específicas de uma situação? Como uma ação correta pode ocorrer quando tentamos apenas imitar o que já foi feito no passado sem usar nossa sabedoria de hoje? Como a ação correta pode ocorrer sem estarmos presentes na situação atual?

Como um ideal pode iluminar nosso caminho em todos os momentos?

Quando queremos nos inspirar, lemos biografias de outras pessoas na esperança de encontrar soluções para nossos desafios. Infelizmente, ao longo desse caminho, a obsessão costuma tomar o controle.

Apaixonados por um exemplo a ser seguido, acabamos nos perdendo de nós mesmos e nos obcecando com a ideia de virarmos nosso modelo. Sonhos de ser tão famoso, tão romântico ou tão habilidoso se tornam

Pratique a ação espiritual correta   143

nosso novo problema. Essa pessoa passa a ser nosso foco — e uma fonte de sofrimento.

Acabamos vivendo uma vida de segunda mão.

Ao sermos guiados por um ideal — por *qualquer* ideal, até mesmo um que seja "bom" —, deixamos de nos atentar às necessidades de cada situação única. Ações guiadas por ideais são predeterminadas e impensadas. Até mesmo reações generosas e humildes podem se tornar habituais. Seguir um ideal pode acabar se tornando mais importante do que se importar de verdade consigo mesmo ou com os outros. Não importa quão bom ou nobre seja seu ideal, quando suas ações são motivadas por uma obsessão por segui-lo, você se torna insensível e sem coração.

Leve em consideração uma história de Confúcio, o grande filósofo e conselheiro real chinês. O sistema de governo do confucionismo é baseado em leis, regras de conduta e princípios bem-definidos. Tudo — até a linguagem usada para se comunicar com amigos, pais ou professores — é predeterminado, pois Confúcio acreditava que esse era o caminho para a ordem, a virtude e a justiça. Como resultado, todo mundo sabia quais ações seriam recompensadas e quais seriam punidas.

Certa vez, roubaram um cavalo, e Confúcio foi notificado. Ele iniciou um inquérito para encontrar o ladrão, determinou que o culpado fosse preso e anunciou uma recompensa para a pessoa que o denunciasse. Após alguns dias, um rapaz foi até a corte e anunciou que sabia quem era o ladrão.

— Como? — perguntou Confúcio.

— Ele é meu pai — respondeu o rapaz.

— Encontrem esse homem e o coloquem atrás das... — começou o conselheiro. Porém, antes de terminar a frase, questionou: — Espere um pouco. Por que seu pai roubou o cavalo do vizinho?

— Minha família estava faminta — respondeu o rapaz. — *Eu* estava faminto. *Minha mãe* estava faminta. Não tínhamos o que comer. Para nos alimentar, ele roubou o cavalo.

144   *Os quatro segredos sagrados*

— Mas estamos falando do seu pai — insistiu Confúcio. — Por que denunciá-lo?

— Porque preciso ser honesto — disse o rapaz. — Preciso falar a verdade.

Foi então que Confúcio reverteu sua sentença anterior.

— Inocentem o pai — declarou ele. — Prendam o filho por três dias.

Essa história causa muitas reações e dúvidas. Se você estiver confuso, isso é positivo. O propósito desse conto é fazer as pessoas analisarem as próprias vidas com mais atenção.

A atitude do filho foi moral e eticamente correta. Ele contou a verdade e seguiu as leis. Porém, a honestidade havia se tornado um mero ideal — um ideal se tornou mais importante do que se conectar com o homem que tentava alimentá-lo. Nada mais importava além de ser visto e reconhecido como uma pessoa honesta. A obsessão com esse ideal o tornou inflexível e insensível.

Talvez Confúcio tenha considerado mais perigoso deixar alguém tão cruel em liberdade — especialmente se tratando de um rapaz tão jovem — do que um velho que roubou para alimentar a família.

Esperamos que você consiga entender o poder deste último segredo sagrado. A ação espiritual correta não é uma metodologia detalhada para tomarmos decisões. Como os outros segredos sagrados, ela trata de dissolver o conflito interior, sair da auto-obsessão e reagir à vida com uma inteligência incrível.

Quando você toma as ações corretas, não sacrifica sua saúde, riqueza e felicidade em nome de como as coisas "deveriam ser". Você cuida do seu valor e da sua felicidade. A ação correta começa com você e inevitavelmente se espalha e impacta a vida de outras pessoas. Com frequência, ela é o primeiro passo na direção de fazer grandes coisas na vida.

Dependendo da sua visão espiritual, você vive uma bela vida.

Dependendo da prática da sua verdade interior, você dissolve seu sofrimento e desperta para um belo estado de ser.

Dependendo do seu belo estado de ser, você executa ações espirituais corretas, levando a um maravilhoso destino individual e coletivo.

Dependendo do quanto você acessa a inteligência universal, sua vida adentra o domínio dos milagres.

A quarta jornada da vida:
Seja um criador consciente
de riqueza

Por Krishnaji

Imagine que você caminha pela mata em uma tarde preguiçosa, assobiando sua música favorita. De repente, um pássaro solta um piado agudo. De canto de olho, você nota um movimento entre a grama alta ao longe.

O perigo é iminente. Alguém o observa. É um tigre, esperando para atacar. Você corre, mas a fera o persegue. Logo, um barranco largo e fundo surge em seu caminho. Se quiser escapar, você terá que se jogar lá embaixo. A queda é dura, o terreno é desnivelado e íngreme, e, enquanto rola na direção da água barrenta, machucado e sangrando, você olha para baixo e vê um crocodilo gigante com a boca escancarada.

Apavorado, você tenta se segurar nas paredes do barranco. Após algumas tentativas fracassadas, consegue se agarrar em uma trepadeira selvagem, seus pés balançando a poucos centímetros da boca aberta do crocodilo. Com o tigre acima e o crocodilo abaixo, sua vida depende da sua capacidade de se segurar. E é então que você nota dois ratos, um branco e outro preto, mordiscando a trepadeira. Enquanto está suspenso nesse estado de terror, algo pinga em sua cabeça. Você olha para cima e encontra um favo de mel

148 *Os quatro segredos sagrados*

no alto. Desejando um breve momento de alívio, estica a língua para fora da boca e espera a próxima gota aterrissar.

Primeiro, queremos pedir desculpas por lhe sujeitar a essa jornada imaginária terrível! Mas, por favor, deixe que expliquemos o propósito dela, já que a compreensão dessa antiga história lhe ajudará a abrir a consciência para uma nova maneira de pensar sobre a abundância.

O conto é uma representação visual do modo como muitos de nós passam pela vida. O tigre é um estado assustador que surge quando uma auto-obsessão está no controle: um medo profundo de que não somos importantes. Nós o chamamos de o "Estado Ninguém".

O barranco é nosso salto na busca inconsciente, agressiva e ambiciosa pela criação de riqueza. Rolar por ele pode *parecer* a melhor maneira de sair do Estado Ninguém, mas é uma jornada que iniciamos por medo, não por um senso de alegria ou propósito.

O crocodilo é o ciclo infinito de problemas financeiros que surgem como resultado da sua auto-obsessão, assim como a vida de mediocridades que lhe aguarda no fim do barranco.

A trepadeira na qual você se pendura é a esperança.

Os ratos branco e preto que a mordiscam são a passagem do tempo, tornando-a cada vez mais escassa.

E, finalmente, o mel representa os poucos momentos de prazer pelos quais ansiamos no meio de tanta insegurança e caos.

Como escapar dessa enrascada?

Bem, nós sabemos qual caminho é escolhido com frequência. Assim que vemos o tigre, agimos como o personagem da história. Pulamos de cabeça no barranco — apesar de, é claro, o barranco poder assumir uma série de formas. Ele é a carreira que nossos pais queriam que tivéssemos. O mercado de trabalho que nos promete o respeito que nunca recebemos na adolescência. O cargo que nos tornará mais rico que nossos irmãos. A posição social que garantirá que nunca seremos desprezados em uma festa.

Talvez pareça que tal caminho ofereça conquistas e sucesso financeiro. Mas, se tomarmos qualquer atitude apenas para preencher esse estado de sofrimento de vazio interior, o estresse e a ansiedade acabarão criando um vórtice de energia negativa ao nosso redor, atraindo mais caos e a sensação torturante de mediocridade. Quando vivemos em um estado de consciência tão inferior, ferimos todos os outros aspectos de nossas vidas. Esse com certeza não é o rumo para a abundância financeira. E não é o estado a partir do qual a criação consciente de riqueza acontece.

Mas há um caminho melhor. Há outro estado de consciência.

A vida no Estado Ninguém

Mike, presidente de uma empresa de arquitetura muito bem-sucedida, ainda se lembra do momento em que decidiu que ninguém nunca mais o menosprezaria. Ele era adolescente quando aquilo acontecera, mas a sensação vergonhosa de ser trocado por um cara rico pela garota que amava ainda permanecia.

A escalada de sua firma rumo ao reconhecimento foi difícil e dolorosa, mas não lhe trouxe a felicidade que esperava receber. Após muitos anos sofridos de empenho, ele cedeu ao estado de arrogância. Para fugir da sensação de ser inadequado, Mike passava boa parte do tempo dizendo para si mesmo e para os outros que grande homem ele era.

Aos quarenta e muitos anos, motivado pela inveja e incapaz de suportar o sucesso de um concorrente, ele fez algumas tramoias para destruir o rival. Mas o tiro saiu pela culatra. O desdobramento de uma série de eventos sujou sua imagem na mídia. Mike perdeu a empresa, seus clientes passaram para outras firmas. Os funcionários o abandonaram para começar os próprios negócios.

Enquanto ele refletia sobre duas décadas de trabalho jogadas no lixo, soube que havia chegado ao fundo do poço. Chegara a hora de parar de correr.

150   *Os quatro segredos sagrados*

Mike foi um participante relutante de nosso curso de quatro dias. Só estava lá por insistência da filha adolescente!

Porém, no segundo dia, ele começou a olhar para o seu interior de verdade e percebeu que aquilo que sempre vira como foco e motivação era, na verdade, um vício. Sua busca dolorosa por riqueza e sucesso fora uma tentativa fútil de preencher o vazio interno que começara a sentir na adolescência.

Mike nunca lidara com aquela sensação incômoda de inadequação, então ela apenas aumentara com o passar dos anos. A única maneira que tinha de silenciá-la eram suas tentativas de se tornar o maior do mercado. O resultado fora uma corrida rumo ao sucesso baseada na agressão e crueldade.

Ele percebeu que, no fundo, mesmo sendo um executivo bem-sucedido, sentia-se tão vazio e desprezado quanto na juventude. Não importava quantas pessoas empregava ou quão boa era sua reputação no mercado. Mike ainda se sentia insignificante sempre que pensava que alguém poderia superá-lo. Ainda sofria.

No último dia do curso, durante a jornada mística da meditação do Campo Ilimitado comigo, ele foi tomado por um pavor paralisante: o medo de morrer como um ninguém. Não importava quanto tentasse mudar o rumo de seus pensamentos, aquilo permanecia em sua cabeça.

Apenas a percepção de que sua vida não tinha feito a diferença para ninguém fez com que Mike percebesse uma verdade triste: sua existência não colaborara para a felicidade de nenhum outro ser humano.

Em uma meditação profunda, ele permitiu que a dor de uma vida sem propósito se instalasse. Em um instante, a região do seu umbigo ficou muito quente. Parecia que um incêndio consumia aquela sensação tão familiar de descontentamento em seu coração e em sua barriga. Após cerca de uma hora, um doce sono caiu sobre ele.

A viagem de Mike de volta para casa foi uma revisão de vida. Ele compreendeu a futilidade de buscar riqueza a partir do Estado Ninguém. O sucesso material jamais o fizera se sentir inteiro.

O processo de transformação autêntica tinha começado. Uma nova vida o chamava, mas ele precisava tomar várias decisões. Seria melhor se aposentar e ter um hobby ou começar uma nova carreira? Ele continuaria praticando sua velha profissão? Reconstruiria sua empresa na mesma cidade ou se mudaria? Trabalharia sozinho ou com outras pessoas? Por onde começaria? Já voltaremos para essa jornada.

A dor do "Eu Perfeito"

Em um Estado Ninguém, como o que Mike percebeu em si, nossos esforços para criar abundância são como os voos de uma galinha: limitados e cansativos. Esse estado pode levar a três caminhos diferentes:

1. Nós não conquistamos a riqueza que desejamos por estarmos funcionando em um estado inferior de inteligência.
2. Mesmo que alcancemos algum sucesso, o caminho até lá será difícil e doloroso, sem deixar espaço para nos sentirmos realizados nem felizes.
3. Nossos estados de sofrimento criarão problemas que colocam em risco tudo pelo que nos esforçamos tanto.

Se cada uma dessas possibilidades parece um beco sem saída, fique tranquilo. Há um motivo para o Estado Ninguém ter tamanho controle sobre nós — e quando nos tornamos cientes desse motivo, ele começa a perder a força.

Mas como foi que ele ganhou tanto poder?

Lembre que nossa mente não é apenas resultado das informações que conscientemente escolhemos absorver. Ela também armazena as aspirações, os preconceitos, os medos e os desejos de nossos avós, pais, professores, amigos, namorados de escola, parceiros — assim como as opiniões de pessoas das quais nem gostamos tanto!

152 *Os quatro segredos sagrados*

Esse fluxo coletivo de informações se cristalizou na imagem do Eu Perfeito. Infelizmente, ele é emocionalmente íntegro, intelectualmente brilhante, fisicamente atraente e financeiramente abundante. Pense em Steve Jobs, Oprah Winfrey, Gigi Hadid e Warren Buffet, todos misturados em uma pessoa só — e não se esqueça de uma pitada do Dalai Lama! Se você parar para pensar, essa é mais ou menos a imagem do seu eu ideal.

Mesmo que nós não nos espelhemos de modo consciente nas pessoas mais admiráveis, bem-sucedidas ou bonitas do mundo, desde nosso primeiro dia de vida fomos bombardeados com mensagens sobre o que significa ser bom, feliz e próspero. Naturalmente, a imagem da pessoa que "devemos ser" é formada em nossa mente desde muito cedo e se torna cada vez mais complicada conforme passamos a nos sentir julgados por nossos parentes, amigos e professores.

Sem nos darmos conta, esse Eu Perfeito se torna o parâmetro de quem *deveríamos* ser. Constantemente comparamos esse ideal com nossa realidade, e, sempre que não fazemos jus a ela, ficamos decepcionados com nós mesmos e com nossas vidas. Nós nos sentimos vazios e começamos a perseguir todos os nossos objetivos a partir de um estado de desespero.

Pelo nosso discurso, parece que estamos pedindo para você se tornar mais "razoável", baixar suas expectativas ou desistir dos seus sonhos para ter uma vida mais satisfatória?

Bem, essa não é nossa filosofia. Pois como medir aquilo que é razoável e aquilo que não é?

Também não acreditamos em ter uma vida insatisfatória, abrindo mão de tudo. Nós não acreditamos que você precise fugir de seus desejos. Para nós, o que importa é o estado a partir do qual tentamos conquistar nossos sonhos, sejam eles grandes ou pequenos.

Então, o que fazer quando o Estado Ninguém toma o controle? E se nós não soubermos outra maneira de agir?

Preste atenção nisto: ninguém nasce um ninguém.

Antes de começarmos a experienciar essa divisão psíquica entre a fantasia do Eu Perfeito e a realidade do Estado Ninguém, vivíamos em um belo estado de ser. Como crianças, nós não estávamos pensando sobre nos tornarmos alguma coisa além do que estávamos experienciando em qualquer dado momento. Nós somos unos com nosso estado de ser, quer ele signifique estar irritado, alegre, ciumento, entediado ou brincalhão. Nesse estado de consciência, somos completamente nós mesmos, sem qualquer vergonha. O belo estado de inocência é um tipo de paraíso. A infelicidade vinha como gotas de água que escorriam por nosso corpo.

Não importava a cor de nossa pele ou nossos olhos; na infância, éramos apenas nós mesmos. Não importava se sabíamos o alfabeto ou decorávamos a tabuada, vivíamos em um estado de paz. Aprendíamos as coisas do nosso jeito, no nosso tempo. Cada esforço era um ato criativo especial.

Conforme envelhecemos, trocamos esse senso de tranquilidade interior por complexos sistemas de avaliação que garantem que nunca estaremos satisfeitos. Quanto mais nos afastamos do nosso Eu Perfeito, mais afundamos no doloroso Estado Ninguém. Sempre que a vida nos machuca, essa condição ganha força.

Quando nossos pais nos comparam com nossos irmãos, o medo de ser um ninguém surge. Quando um professor mostra preferência por outro aluno, o medo de ser um ninguém nos morde. Quando a pessoa por quem temos uma quedinha nos rejeita ou não conseguimos nosso emprego dos sonhos, o medo de ser um ninguém nos consome.

O Estado Ninguém é sentido até por aqueles que conquistaram grande fama. Nem os prêmios e os reconhecimentos mais prestigiosos trarão alegria se eles continuarem nessa posição. Por favor, tenha isto em mente: No Estado Ninguém, não estamos trabalhando para criar riquezas. Estamos apenas viciados em rolar pelo barranco do desespero.

Por favor, pause. Tire um momento para encarar a verdade sobre como o Estado Ninguém limita sua habilidade de criar riqueza e experienciar a abundância em seus vários sentidos. Como ele o mantém empacado

154 *Os quatro segredos sagrados*

no desespero. Lembre, se você quiser que a inteligência universal lhe apresente soluções, pode deixar suas fixações e o interesse próprio de lado e praticar a Mente Serena. (Para se recordar da prática, consulte a página 73.) Encare a situação sob uma perspectiva mais abrangente. Observe o impacto que você pode ter no quadro-geral, seja da sua família, da sua empresa ou do meio onde vive. As soluções virão como intuição ou uma inspiração durante a meditação, ou como uma ideia inesperada.

Como um líder consciente, pergunte-se: Qual é o estado que está alimentando minha conquista? Estou usando a comparação com os outros e o medo de ser inferior para impulsionar meu crescimento? Ou estou inspirado por um estado de paixão profunda e alegre por fazer a diferença?

Curando da mente inflamada

Todos já tivemos alguma inflamação no corpo. Quando algo doloroso ou irritante tenta invadir um organismo, há uma reação biológica para tentar removê-lo. Os sinais e sintomas visíveis da inflamação, apesar de frequentemente dolorosos ou incômodos, são provas de que o corpo está em guerra para se curar.

É claro que, algumas vezes, a inflamação pode interferir no equilíbrio do organismo, tornando-se ainda pior. O perigo de inflamações crônicas e discretas é que sua natureza silenciosa esconde seu poder destrutivo. Na verdade, a inflamação induzida pelo estresse, quando acionada, pode permanecer imperceptível por anos, até décadas, propagando a morte de células pelo corpo. Esse estado de guerra corporal pode se manifestar como diabetes, Alzheimer, meningite, câncer ou ataques cardíacos. É por isso que muitas pesquisas médicas atuais se concentram no combate de doenças inflamatórias.

Assim como o corpo pode permanecer inflamado por anos, o mesmo acontece com nossas consciências. Aquilo que começa como uma reação normal a uma mágoa se torna uma doença do coração e da mente. E,

Seja um criador consciente de riqueza 155

depois que a inflamação se fixa, ela pode passar décadas tomando conta de nossas vidas, sem ser detectada.

Podemos alegar ter superado traumas do passado — podemos ter construído vidas completamente diferentes das que tínhamos na infância —, mas, para nos curarmos, recebermos a abundância e termos vidas belas, precisamos enfrentar o pavor de sermos um ninguém. Como?

Um dos sintomas do Estado Ninguém é um relacionamento extremado com a riqueza. As pessoas nessa situação tendem a ter uma fixação obsessiva com dinheiro, aversão total a ele ou oscilar num misto entre os dois.

Vamos discutir primeiro a obsessão. Todos conhecemos um sinal clássico do corpo lutando contra uma infecção: febre. Bem, alguns de nós passam por algo parecido ao lidar com o Estado Ninguém.

Tomados por certo delírio, nós nos tornamos obcecados com o acúmulo de riqueza e poder social. Quando essa febre nos consome, não conseguimos enxergar a realidade com clareza. Nós alucinamos visões deturpadas do futuro: *Se apenas eu tivesse mais dinheiro, conquistaria tudo que quero: amor, felicidade e poder.* Uma visão dessas certamente pode nos suprir com ondas rápidas, porém insustentáveis, de energia. Mas, a longo prazo, é difícil construir algo sólido nesse estado de espírito. Essa fixação nos torna apavorados com o fracasso e incapazes de refletir e pensar em soluções criativas para desafios e problemas.

Mei, uma professora de *ikebana*, morria de medo de não ter dinheiro ao envelhecer. Na verdade, ela passara anos se obcecando com isso, calculando quanto tinha no banco — e quanto mais *poderia* ter. Porém, não importava quais atitudes tomasse ou quanto ganhasse; nada fazia com que se sentisse realizada ou segura, e ela passava longos períodos de tempo deprimida.

Quando parou para pensar nas raízes desses sentimentos, Mei percebeu, na infância, que se sentia incapaz de agradar a mãe, pois tudo o que ela fazia era insuficiente. Esse estado de espírito a acompanhou em todos os seus relacionamentos românticos e de amizade. Mesmo na escola, a

156 *Os quatro segredos sagrados*

abundância financeira era uma obsessão. Ela torcia para o dinheiro afastar aquele estado doloroso de insegurança que sentia por dentro.

Com o passar do tempo, o relacionamento de Mei com o dinheiro se tornou muito distorcido. Ela passava tempo demais calculando quanto teria ao se aposentar, entrando em pânico por achar que não seria o suficiente. Esse pânico a fazia trabalhar incessantemente para ganhar mais. Porém, também vivia fazendo compras compulsivas e investimentos imprudentes, arrependendo-se de perder dinheiro. Ela vivia em um estado interior de pobreza. Seu pânico ia crescendo até chegar ao ponto de passar dias se sentindo doente e exausta.

A liberação de Mei veio quando ela percebeu que seus problemas atuais eram apenas resultado de seu estado interior. Aquilo não se tratava de testes do universo, mas de uma mente inflamada que impulsionava o descontrole de sua vida. Conforme sua percepção de seu estado interior se aprofundava nos meses seguintes, ela naturalmente despertou para um belo estado de conexão com as flores e seus alunos de *ikebana*.

A profunda jornada espiritual em que Mei embarcou modificou os circuitos neurológicos de seu cérebro, que antes a mantinham obcecada e ansiosa sobre suas finanças. Agora, ela vive a maior parte do tempo em um belo estado de ser, sentindo que o universo é um aliado que lhe oferece muitos momentos de sorte e sincronicidades.

Assim como a febre pode nos alertar para uma gripe, a fixação por dinheiro pode chamar atenção para algum problema mais sério. É claro, podemos nos encher de remédios que escondem os sintomas da inflamação — ou podemos encarar nosso desconforto como um sinal para enfrentarmos o Estado Ninguém de uma vez por todas.

O segundo relacionamento com riqueza que criamos nessa condição é a aversão. Enquanto alguns de nós reagem ao Estado Ninguém se jogando de cabeça em extratos bancários, outros correm na direção oposta.

Dinheiro faz mal, diz essa linha de pensamento. *Ele só torna as pessoas arrogantes e piora o mundo... Não há motivo para tentar conquistá-lo ou respeitá-lo.*

Tal repulsa interior pode até se transformar em uma raiva que nos parece justificada: *Como meus vizinhos podem ter uma casa tão grande quando há tanta gente no mundo sem nada?*

Com esse tipo de visão abnegada, não respeitamos as contribuições que fazemos. Nós hesitamos em pedir pelo valor real de nossos serviços. Reclamamos que as pessoas são injustas naquilo que nos oferecem, mas não temos coragem de pedir por aquilo que merecemos.

Porém, se olharmos com um pouco mais de atenção, é comum descobrirmos que as raízes da aversão pelo dinheiro e pelas pessoas que o têm vieram de alguma inflamação do passado. Essa segunda obsessão é tola e tão perigosa quanto a primeira. É nesse ponto que estamos empacados?

Por favor, pause. Se você quiser fazer uma pequena jornada interior, vamos pausar aqui. Respire devagar para nos ancorarmos no momento presente.

Vamos mergulhar mais fundo em nossa verdade interior. Por favor, fique imóvel e observe. Como é seu relacionamento com a riqueza? É obsessivo? Ele é como uma pedra em seu sapato, incomodando a cada passo que dá? Ou você sente indiferença ou desdém pela riqueza?

Com que frequência o medo de se tornar um ninguém o consome? Com que frequência você se obceca pela ideia de viver e morrer como alguém que não significou nada para os outros? A obsessão de ter sucesso no futuro já lhe impediu de viver, se conectar, sentir? Ou sua busca pela abundância surge de um estado feliz de autodescobertas e um desejo de compartilhar seus dons com o mundo?

O ponto não é nos recriminar pelo estado de sofrimento do medo. Muito pelo contrário: temos que nos parabenizar, pois a jornada da inverdade rumo à verdade é a chave para um belo estado de ser!

158   *Os quatro segredos sagrados*

Nós podemos nos libertar do Estado Ninguém. Na verdade, precisamos fazer isso. Esse estado de sofrimento cria um campo de energia negativa ao nosso redor.

Todos já testemunhamos algo assim, não é? Vimos alguém torturado por uma obsessão financeira tomando decisões extremamente imprudentes que afetam as pessoas ao seu redor. Vimos como o Estado Ninguém se manifesta como excesso de trabalho ou depressão. Não é fácil conviver com as vítimas dessa situação. Em geral, elas estão consumidas demais por sua raiva ou vergonha para sentir o amor dos outros.

Em um nível macro, o Estado Ninguém se torna uma força que impede a riqueza de fluir em nossa direção. Que bloqueia a inteligência. Que bloqueia possibilidades auspiciosas. Que fecha a porta para Lakshmi, a deusa da abundância na cultura hindu, entrar em nossa vida.

Mas podemos nos libertar.

Lembra-se de Mike, o presidente da empresa de arquitetura? Sua jornada interior não fez com que ele desistisse de ir atrás da segurança financeira. Mas houve uma coisa de que precisou abrir mão. Sua busca não vinha mais de um sentimento de vazio. A raiva daqueles que zombaram dele e deram para trás em parcerias não o motivava mais. Nem havia desespero para reconstruir sua imagem perdida na sociedade.

Mike despertou para um belo estado de coragem calma. Ele estava consciente do estrago que sua condição e suas ações causaram. Não havia mais motivos escusos. O poder da sua consciência transformada o guiou para um novo propósito: a paixão por utilizar seu conhecimento para o bem maior.

Hoje, uma nova equipe se reuniu em torno dele. Enquanto escrevemos estas palavras, Mike e seus companheiros estão se dedicando a oferecer soluções arquitetônicas para aspirantes a arquitetos pela internet. Criado nos belos estados de paz e paixão, eles constroem esse sonho aos poucos. Desta vez, a escalada até o topo não exige esforço interior.

Tornando-se um criador consciente

A criação de riqueza é um dos assuntos mais discutidos no mundo todo. Sem dúvida, você já ouviu falar de muitas técnicas e estratégias para enriquecer.

A jornada para se tornar um criador consciente de riqueza é muito diferente.

Nós defendemos uma abordagem consciente na criação de abundância — um passo além dos estados destrutivos que nos impedem de manifestar nossos sonhos, dando um salto na direção de uma consciência extremamente criativa e totalmente desperta. Você não vai precisar mais criar, construir e conquistar devido aquilo que lhe falta. Você aprenderá como obter de um poço profundo de criatividade.

Quando os alunos fazem essa jornada pela consciência, despertam para novas oportunidades animadoras e se deparam com sincronicidades milagrosas. Em vez de lutar contra a grande corrente existencial, um grande fluxo os leva pelas inúmeras margens maravilhosas do rio da vida.

Então quem é um criador consciente de riqueza?

Um criador consciente de riqueza está desperto para o estado a partir do qual busca abundância e sucesso.

Um criador consciente de riqueza está consciente do propósito por trás de sua busca.

Um criador consciente de riqueza é consciente do impacto de sua criação financeira no ecossistema que o cerca.

Vou compartilhar a experiência de um presidente famoso de uma empresa muito popular.

Alguns anos atrás, recém-promovido ao cargo, esse homem e sua esposa passaram por sua primeira jornada de transformação em nossa academia.

A empresa sofria uma crise financeira, e, durante uma reunião com a diretoria, a responsabilidade por virar o jogo foi depositada nos ombros dele.

160   Os quatro segredos sagrados

O presidente tomou a decisão que a maioria dos líderes toma ao se deparar com esse tipo de crise: demitir muitos funcionários para diminuir os gastos.

Com peso na consciência, ele contou à esposa seu plano de mandar as pessoas embora — e foi confrontado com uma pergunta.

— Entendo por que você se decidiu pelas demissões — disse ela. — Mas em que estado está tomando essa decisão? De medo ou de amor?

O presidente começou sua jornada para se conectar com o primeiro segredo sagrado da visão espiritual. Ele se tornou ciente de que reagia ao desafio a partir de um estado de sofrimento, não de um belo estado de ser. Ficou óbvio que sua condição só o tornava desesperado e insensato. Aquele estado atrairia ainda mais problemas. Equilibrado com a visão de dissolver o sofrimento e lidar com o problema da empresa em um belo estado, nosso aluno seguiu para o segundo segredo da verdade interior. E percebeu que sua decisão fora impulsionada pelo desejo de se proteger e pela obsessão consigo próprio, não por uma visão maior para a organização; o medo guiava seus planos. Ele temia ser visto com maus olhos pela diretoria, e estava desesperado para provar seu sucesso para os diretores.

Quando reconheceu esse medo, o presidente se perguntou: A partir de que estado quero responder a essa situação?

A resposta estava diante de seus olhos. Enquanto continuava a meditar, ele se visualizou entrando em um espaço de conexão com todos os funcionários. E se conectou com o que eles sentiriam se perdessem o emprego pouco antes do Natal.

O presidente então seguiu o quarto segredo sagrado da ação espiritual correta. Decidido e confiante no universo, ele inspirou a empresa inteira a se unir como uma família e cortar gastos em todos os níveis, desde a produção e embalagens até o transporte e mostruários.

Seu estado de conexão afetou a empresa de uma maneira muito profunda. Todos se uniram para fazer isso acontecer, e a companhia conseguiu se salvar.

E outras coisas começaram a fluir a seu favor.

Seja um criador consciente de riqueza 161

Conforme o Natal se aproximava, a economia melhorou. A demanda aumentou — demanda essa que a empresa era capaz de suprir, mas apenas por não ter demitido boa parte dos funcionários.

Durante o período em que ele trabalhou lá, a firma cresceu a cada ano de modo jamais visto.

Quatro buscas, dois caminhos

Apesar de nós dois não gostarmos de ostentar nossa riqueza — ou de ostentar qualquer coisa, na verdade! —, queremos compartilhar a sabedoria que nos guiou na criação de empresas internacionais bem-sucedidas durante nosso casamento de 22 anos e que também auxiliou muitos de nossos alunos a se tornarem criadores conscientes de riqueza.

De acordo com antigos sábios indianos, todos os desejos da humanidade podem ser classificados em quatro buscas:

- Artha — riqueza e todos os confortos e luxos que o dinheiro pode oferecer.
- Kama — amor em todas as suas formas, como afeto, intimidade, respeito e compaixão.
- Dharma — a paixão por fazer a diferença para sua família, sua empresa e no mundo.
- Mukti — um despertar espiritual, também chamado de iluminação, quando você se liberta do sofrimento e da ilusão da separação.

Não importa quais são os nossos desejos, todos se enquadram em uma dessas quatro buscas primordiais. Apesar de esse conhecimento ser prevalecente na cultura em que fomos criados, foi apenas após começarmos a pensar no programa da O&O Academy que compreendemos melhor essa visão antiga:

162 *Os quatro segredos sagrados*

Cada um desses quatro objetivos — e, por consequência, *todos* os desejos humanos — podem ser explorados a partir de um belo estado de ser ou do sofredor Estado Ninguém.

Vamos explicar melhor, começando pelo Dharma.

Todos temos responsabilidades: como filhos de nossos pais, companheiros de nossos parceiros, cidadãos de nossa comunidade. Porém, quando executamos nossos papéis em um estado de estresse, eles se tornam fardos, tarefas que temos que suportar. Nós cumprimos deveres porque somos guiados por ideais ou porque tentamos fazer nossa parte em um sistema. Mas fardos não inspiram ninguém.

Por outro lado, quando entramos em um belo estado, cuja essência é a conexão, nosso Dharma vira uma paixão por colaborar com nossa família, comunidade e sociedade. Nós usamos nossas habilidades, nossa influência e tudo que temos pelo bem-estar maior. Reconhecemos a interconexão de todas as coisas e compreendemos que nosso estado e nossas ações têm efeitos abrangentes na teia da vida. Quando consideramos o efeito cascata que naturalmente nós criamos, será que algum de nós poderia mesmo ser um ninguém?

Da mesma maneira, o Kama — a busca por amor — pode ser perseguido nesse Estado Ninguém. Quando isso acontece, o desejo por afeto se torna uma ânsia interminável. Tentamos desesperadamente agradar ou ser agradados pelos outros. Essa procura desesperada pelo prazer vira uma obsessão descontrolada.

Compare isso com o Kama buscado em um belo estado, que resulta no amor que nutre, encoraja e liberta.

Até o Mukti, ou a busca espiritual, ao nascer do Estado Ninguém se torna um processo ambicioso e agressivo de acumular conhecimentos e habilidades espirituais para se exibir. Tentamos fugir dos desafios da vida real ao nos agarrarmos a uma autoimagem sublime de misticismo — e, como resultado, acabamos nos aprofundando ainda mais no caminho do desespero, isolamento e conflito. É por isso que até indivíduos muito devotos sentem que estão brigando com o universo, e algumas das pessoas mais generosas

Seja um criador consciente de riqueza 163

que conhecemos não conseguem silenciar aquela vozinha que choraminga: *Por que a vida de todo mundo parece tão mais fácil que a minha?*

Um exemplo clássico de alguém que seguiu o caminho espiritual no Estado Ninguém é um primo do Buda, Devadatta. Devadatta era bonito e inteligente, muitas vezes levando o crédito por ser ainda mais eloquente em seus discursos do que o Buda.

Reza a lenda que, quando os dois eram crianças, Devadatta atirou em um cisne que caiu aos pés do primo; o Buda imediatamente começou a cuidar dos ferimentos do animal e recuperar sua saúde. Devadatta queria o cisne para si, já que fora seu tiro que o acertara, mas os anciãos decidiram dá-lo ao Buda, que o fizera voltar à vida.

Talvez esse tenha sido o começo do Estado Ninguém nele, ou talvez o início tenha ocorrido em algum evento posterior. Quando o Buda finalmente voltou para casa após sua iluminação, Devadatta entrou para seu monastério — mas apenas porque tinha o desejo secreto de provar que seria um professor ainda melhor. Ele teve uma vida muito austera, e morreu infeliz.

Por mais que todos nós queiramos nos identificar com o Buda nessa história específica, não é tão difícil assim ter empatia por Devadatta. Quem entre nós nunca sentiu inveja ao nos depararmos com grandes feitos, especialmente entre nossos parentes e amigos próximos? Quem entre nós nunca lutou batalhas internas contra um irmão ou um colega que pareceu ter todas as sortes que nunca tivemos?

Essa é a força desafortunada do Estado Ninguém — e o motivo pelo qual não podemos subestimá-lo. Sua forma de nos puxar para baixo é muito sedutora.

E isso nos leva à quarta busca. Assim como o Dharma não deve ser visto como um fardo, a abundância não surge quando nos obcecamos com a aquisição do Artha, ou riqueza, de maneira precipitada.

A nobre busca do Artha — a criação consciente de riqueza — só é possível em um belo estado de ser. No belo estado de ser, não somos motivados pela obsessão por ganhar sempre nem pela ansiedade de perder.

164   *Os quatro segredos sagrados*

A criação de riqueza deixa de ser uma guerra. O sucesso não é mais uma questão de vida ou morte. Nossa jornada para nos sentirmos realizados se torna animada. Com essa consciência, há uma explosão de criatividade. A riqueza passa a nos procurar.

Imersos nesse estado conectado e criativo, nós despertamos para um propósito maior, algo que esperamos que continue depois de nós e de nossa geração. Ele começa com a compreensão de que nossa inteligência, nossas capacidades e nossos talentos não são meras ferramentas para expandir nossa influência ou afluência, mas um meio de transformar uma pessoa, uma situação ou o mundo ao nosso redor.

Mas o que fazer quando sentirmos que *temos* um propósito — mas isso não for suficiente para nos libertar do estresse e do sofrimento?

A busca pelo propósito da vida em um belo estado de conexão

Quero compartilhar a história de um rapaz coreano que criou uma empresa dedicada a melhorar a vida dos animais. Quando nos procurou, ele se sentia deprimido e suicida, pois acreditava que estava fracassando enquanto líder.

Muita gente acha que o motivo para a infelicidade no trabalho é a ausência de um propósito. Mas ele tinha um: seu sonho sempre fora usar tecnologia para melhorar a vida dos animais, e seu sistema fora elaborado durante a faculdade.

Ou talvez achemos que a infelicidade é causada por não conseguirmos cumprir nosso propósito. Mas a empresa desse homem era bem-sucedida — e crescia.

Quem sabe, então, o motivo para a infelicidade seja algum problema na hierarquia da companhia. Mas nosso aluno não tinha nenhum problema nesse quesito.

Então o que causava seu sofrimento? Por que ele se sentia um fracassado mesmo tendo criado um negócio promissor que estava alinhado com seu propósito?

Seja um criador consciente de riqueza 165

Enquanto se aprofundava em sua jornada, o rapaz nos contou mais sobre a situação. Disse que, nos últimos cinco anos, quase cem funcionários haviam pedido demissão da empresa. Ele precisara ser muito persuasivo para mantê-los lá. Porém, não sabia se tinha forças para continuar insistindo. Estava cansado. Cansado de insistir, de incentivar, de persuadir.

Em uma jornada espiritual na academia, nosso aluno percebeu que aquela exaustão não vinha do trabalho, mas de seu estado interior. Por dentro, ele era como um homem que subira em uma esteira e não conseguia mais sair: tentava provar seu sucesso para o pai, tentava não se sentir inferior aos funcionários inteligentes que entravam na empresa, tentava ganhar o respeito dos diretores em todas as reuniões.

O rapaz compreendeu que todas as suas conquistas tinham sido impulsionadas pelo medo de não ser tão bom quanto os outros. Ele era um ser humano desconectado que não respeitava de verdade os funcionários. Sua relação com a equipe era apenas transacional.

Enquanto se movia para seu interior, esse homem despertou para um estado de gratidão por todos os funcionários que apoiavam seu crescimento e sucesso. E começou a se importar com as frustrações e a insatisfação deles.

Nove meses após essa jornada transformadora, depois de tentativas de direcionar a equipe para um clima de mais harmonia, a situação dentro da empresa já está mudando.

Como essa história mostra, até um profundo senso de propósito pode sofrer com estados de sofrimento. Quando o trabalho, a carreira e os objetivos são impulsionados pelo estresse, a vida profissional se torna uma zona de guerra do inconsciente destrutivo.

Por outro lado, quando o seu trabalho é inspirado por um belo estado de ser, vira um parque de diversões para a presença da inteligência universal.

Seu estado de ser é como o cavalo que conduz uma carroça na direção que bem entender. A carroça pode ser sua carreira, seus relacionamentos profissionais ou o impacto que você tem em todo o ecossistema.

Seus estados lideram o caminho, e sua vida vai atrás.

Aonde você está indo?

Vamos refletir sobre algumas questões básicas: Aonde você está indo? E o que o guia nessa direção? A partir de que estado você orienta sua equipe? A partir de que estado seu gerente orienta a equipe dele? Que cultura você quer encontrar na sua empresa todos os dias ao entrar pela porta? Um estado de estresse ou belo estado de ser? Um estado conectado ou desconectado?

Por favor, pause. Neste momento, o que está dirigindo sua decisão de carreira? Você está seguindo sua ansiedade? O trabalho serve apenas para pagar as contas? Se tivesse dinheiro, você pediria demissão sem nem pestanejar?

Ou está seguindo sua frustração e raiva? O seu trabalho é uma maneira de fortalecer seu valor para si mesmo, seu parceiro, seus pais, seus irmãos, seus inimigos ou seus seguidores?

Talvez você esteja seguindo seu tédio. O trabalho é apenas uma maneira de escapar do enfado da vida, um modo de matar tempo?

O que você está seguindo?
Aonde quer ir?
Por favor, observe sua verdade interior sem resistir.

O que este último momento de reflexão revelou? Você está seguindo sua alegria, sua gratidão ou sua compaixão? Ou permitiu que o medo e a ansiedade bloqueassem seu caminho para a abundância?

Quando despertamos para a consciência da riqueza, desfrutamos com todo o processo de criação. Nós nos tornamos conscientes do impacto que nosso serviço tem na vida de outras pessoas. E do impacto que o trabalho e o serviço dos outros têm na nossa.

Pois, independentemente de você já ter refletido sobre isso ou não, essas coisas todas *têm* um impacto.

Seja um criador consciente de riqueza 167

Quero compartilhar uma história que escutei e que é um bom exemplo dessa verdade poderosa.

Um dia, um homem dirigia seu carro. Ele entrou na mesma estrada serpenteante que sempre entrava, porém, desta vez, bateu em uma pedra grande que tinha caído no caminho. O carro girou para fora da estrada, capotando e matando o motorista.

Mas a história não termina aí. Graças aos milagres da ciência moderna, os médicos da emergência foram capazes de reanimá-lo — assim que o homem acordou, virou uma pessoa completamente diferente.

O que aconteceu?

Nos momentos antes de ser reanimado, ele viu sua vida inteira passando diante de seus olhos. A única diferença era que a observava de fora — pela perspectiva de todos os seres vivos com quem já entrara em contato.

O homem se viu como um menininho batendo em um bode com um pedaço de pau, mas, agora, sentiu o susto e a dor do animal. Ele se viu atormentando outras crianças na escola, mas, desta vez, sentiu a humilhação e o medo dos colegas. Enquanto contemplava toda sua existência sendo exibida como um filme em que ele era o vilão, foi abatido por uma profunda tristeza.

Sempre havia um muro entre mim e os outros, percebeu o homem. *E esse muro era eu.*

Ele entrou em um profundo estado de sofrimento enquanto refletia sobre sua vida desperdiçada.

Então foi acometido por outra série de lembranças. Em muitas manhãs, enquanto seguia para o trabalho pelo mesmo caminho rochoso em que perdera controle do carro, ele se deparava com tartarugas tentando atravessar a estrada. Era óbvio que elas seriam mortas por carros velozes se ninguém as ajudasse. Então, o homem estacionava o carro, pegava as tartarugas, as colocava no caminho que pretendiam seguir, e depois continuava sua viagem para o trabalho.

168   *Os quatro segredos sagrados*

É claro, enquanto essa lembrança era repassada por sua mente inconsciente, o homem não apenas se via executando aquele pequeno ato de bondade: ele era a tartaruga sendo carregada, aconchegada e levada a um local seguro. Naquele momento, seu coração se abriu para a experiência do amor. Ele se sentiu profundamente conectado com toda a vida. E percebeu que, toda vez que feria outro ser, feria todo o tecido da vida. Sempre que amamos e cuidamos uns dos outros, nós nutrimos esse tecido.

Assim que essa compreensão surgiu, o homem voltou para seu corpo. Na mesma hora, ele soube que tinha uma vida diferente para viver, uma experiência diferente para dar ao mundo.

Apesar de todas as transformações pelas quais as pessoas passam em nossa academia serem únicas, muitos alunos compartilham conosco revelações muito semelhantes com a experiência de quase morte desse homem. Quando as pessoas testemunham em primeira mão um estado expandido de consciência, é comum que toda sua percepção do mundo mude.

Pela primeira vez, a eles foi dada uma compreensão muito mais expansiva de suas vidas, do efeito cascata de suas ações e da rica teia de vida que nos apoia e sustenta.

O despertar para a Interconexão

Nós vivemos em um mundo interconectado.

Nossos atos fazem a diferença.

Foram necessários o trabalho e as revelações de milhões de pessoas por muitos anos para você e eu termos um dia confortável. Você e eu só podemos fazer uma boa refeição devido ao esforço incansável de milhões. E cada um de nós faz parte dessa multidão que dá vida ao mundo! Todas as manhãs, quando saímos de casa para ir ao trabalho, estamos servindo a uma missão chamada "Mundo Harmonioso".

Sempre que você digita algo no computador, sempre que usa aquele macacão especialmente projetado para executar tarefas perigosas no labo-

Seja um criador consciente de riqueza 169

ratório, sempre que contempla uma nova oportunidade de negócios, sempre que abre a página 63 para ler um poema para os alunos de sua classe, sempre que leva aqueles trezentos passageiros a bordo para seu destino em segurança, sempre que faz um dos incontáveis trabalhos que existem por aí, você está ajudando o mundo a permanecer em harmonia, tornando-se inestimável para a manutenção e o equilíbrio deste belo planeta.

Quando despertamos para esse estado de interconexão, nossa eficiência dispara como um foguete. Nós passamos a ter muito sucesso pessoal e na nossa contribuição para o êxito de cada membro de nossas empresas e do mundo.

Uma de nossas alunas era cabelereira em um salão chique. Ela frequentemente ficava entediada e não via sentido em nada no fim de cada expediente. Apesar de animar as clientes com suas palavras inteligentes, sentia-se vazia. Por que todos os dias cortando e pintando cabelos pareciam iguais?

Após a acompanharmos por um de nossos processos, ela despertou para um profundo estado de amor. Como resultado, sua experiência no trabalho passou por uma transformação completa. Hoje, nossa aluna se conecta com o interior das clientes. Ela pensa no estado de alegria que uma mãe solteira trabalhadora sente, por dias, após fazer o cabelo. E reflete sobre a confiança que uma adolescente ganha ao chegar ao primeiro dia de faculdade com um visual novo. Nossa aluna se conecta profundamente com as clientes. Aquilo que começou como uma carreira para pagar as contas acabou se tornando um ato consciente de amor que impacta as pessoas.

Mas ela não parou por aí. A verdade era que desejava ser mais que uma cabelereira — e parte de sua insatisfação era um sinal de que ela queria mais. A experiência também lhe deu a coragem necessária para lançar sua própria linha de produtos naturais.

Quando seguimos um caminho consciente de criação de riqueza, despertamos para o amor pelas pessoas com quem trabalhamos e que afetamos com nossos serviços. Nosso coração deve acordar. Pois, se não nos importarmos com os sentimentos dos outros, podemos nos esbarrar e

170 Os quatro segredos sagrados

trabalharmos juntos, mas, no fundo, nós nos sentiremos sozinhos e presos em estados estressantes. É só quando nos conectamos com as pessoas que conseguimos encontrar segurança, estabilidade e carinho.

Talvez você ainda duvide que o estado de conexão seja tão bom assim. E não é o único.

— Por que é tão importante se conectar com outro ser humano? — perguntou um aluno em seu primeiro dia em nossa academia.

Scott era jovem e bem-sucedido. Aos 32 anos, já ocupava um alto cargo gerencial em sua empresa.

E se considerava alguém que conquistara o sucesso por mérito próprio.

— Consigo me conectar com esta mesa aqui, com meu carro favorito, com minhas habilidades e especialidades — continuou ele. — Por que preciso depender de um ser humano que pode mudar a qualquer instante? Eu só dependo de mim, das minhas capacidades e das coisas que amo.

Mais tarde naquele dia, Scott mencionou que viera ao campus porque estava se sentindo perdido. Na maioria dos dias, três perguntas surgiam em sua cabeça ao acordar:

1. Qual é o propósito de continuar dedicando minha energia e criatividade à minha empresa?
2. Por que estou fazendo isso?
3. E para quem estou fazendo? A equipe de que cuidei por tanto tempo parece não precisar mais de mim.

Enquanto ele observava seu interior, percebeu que, com o passar dos anos, todas as suas mágoas o tornaram reativo. Scott entendeu como seu apego às decepções que tivera com as pessoas era apenas uma maneira de se desconectar delas.

Será que ele queria passar o resto da vida desconectado?

Ao tomar a decisão de se libertar da raiva e dos ressentimentos, a percepção que Scott tinha de si mesmo e de sua vida começou a mudar. Ele não se via mais como alguém que venceu na vida por mérito próprio. Mas pas-

Seja um criador consciente de riqueza 171

sou a pensar nas muitas pessoas que lhe ajudaram a crescer. E começou a refletir sobre todas as maneiras que sua equipe lhe dava apoio com gestos grandes e pequenos.

Conforme sua consciência expandia, um desejo profundo de tornar sua equipe e sua empresa mais felizes se enraizou dentro dele.

Seis meses após completar o curso na Índia, Scott nos contou que redescobriu seu propósito.

— Agora, ir trabalhar e fazer melhorias na empresa são uma alegria — disse ele. — É como se meu cérebro tivesse entrado em um modo de criatividade. As sincronicidades acontecem o tempo todo.

Se você estiver se sentindo sem propósito, há uma grande possibilidade de estar desconectado. Ao despertar para um estado de conexão sincera, será inevitável despertar para um senso maior de propósito. Você vai compreender o que realmente significa cooperação.

Por que essa conexão sincera é necessária para empresas? E como os líderes podem aprender a cultivá-la?

A conexão sincera não é apenas um ato ou uma atividade que as pessoas fazem juntas. É um estado de consciência no qual você compreende que o seu bem-estar é inseparável do bem-estar dos outros. Há uma necessidade natural de aumentar a alegria e a felicidade de todos ao seu redor.

Alguns de vocês com um pouco mais experiência de vida que nosso amigo Scott podem estar se perguntando: *Por que mudar agora, depois de tantos anos? Isso é mesmo necessário?*

Em nosso trabalho, Preethaji e eu temos a oportunidade de ver o funcionamento de grupos de todos os níveis — de casais e famílias, pequenos negócios e instituições, até grandes multinacionais, movimentos e nações —, e, também sendo líderes, reconhecemos o valor de sistemas progressivos e inteligentes.

Mas não importa que tipo de sistema você crie nem que regras estabeleça; se a consciência dos participantes desse sistema permanecer limitada, sua visão nunca será concretizada. Uma consciência auto-obcecada tomará o controle até do sistema externo mais eficiente do mundo. É por isso que o

172   *Os quatro segredos sagrados*

foco na transformação é essencial para qualquer líder que deseje criar um impacto extraordinário no mundo.

E como tantos de nossos alunos em cargos executivos já compartilharam conosco, quando eles assumem o compromisso de transformar sua consciência, as pessoas nas suas organizações acabam seguindo o exemplo. Em um forte contraste com a submissão exigida por algumas técnicas novas de gerenciamento, o ato de criar uma organização verdadeiramente consciente tem ligação direta com sua postura no mundo — a capacidade de dissolver estados de sofrimento para tomar atitudes decisivas, o desejo de se conectar com o bem-estar de todos na empresa e o sonho de beneficiar aqueles ao seu redor.

A maioria dos líderes fala sobre seus planos para o planeta, mas são reticentes quando se trata de seu estado de espírito. Porém, a menos que uma revolução completa ocorra em nossa consciência, passando da divisão para a integração, da separação para a conexão e do sofrimento para um belo estado de ser, como seremos capazes de estabelecer uma visão clara para o futuro da humanidade?

Sem uma revolução completa em nossa consciência, todas as resoluções, decisões e mudanças são superficiais; elas não dão frutos de verdade e tendem a ser inutilizadas por conflitos. Nunca esqueça: primeiro a consciência, depois as decisões e a ação.

Nós estamos em um momento crucial na história humana, no qual podemos levar nossa evolução coletiva para um nível mais avançado ou causar a destruição e a extinção de nossa e de outras espécies.

O poder agora está nas mãos de todos nós. O destino de futuras gerações e de muitas formas de vida no planeta depende dessa evolução de consciência. Você vai deixar sua consciência se degenerar rumo ao sofrimento, à separação e ao isolamento, ou vai se desenvolver conscientemente para um belo estado de ser?

Aonde você quer ir?

Exercício da Soul Sync:
Torne-se um criador consciente de riqueza

Não importa se você deseja superar seu Estado Ninguém interior, encontrar um emprego mais feliz e significativo, aprofundar o impacto do seu trabalho atual ou manifestar grande abundância para si mesmo, seus entes queridos ou uma causa que apoie, a Soul Sync pode lhe ajudar a assumir o papel de um criador consciente de riqueza com mais segurança.

Repita as cinco primeiras etapas da meditação Soul Sync como descrito nas páginas 36-38.

Quando chegar à sexta etapa, imagine ou sinta que está experienciando um belo estado de calma coragem. Veja a si mesmo agindo com um profundo senso de entusiasmo e fazendo a diferença na vida daqueles ao seu redor. Sinta um imenso fluxo de abundância na sua vida.

Imagine o que isso significaria para você, seus entes queridos e o mundo.

Epílogo

Perguntas e respostas sobre nossa academia

Por Krishnaji

Pergunta: Qual é a sua visão de felicidade e abundância?

Resposta: Para nós, o sucesso, um relacionamento amigável, conquistas e fama não são o suprassumo da vida.

E um ótimo estado de consciência também não é fundamental. Seguir o tempo todo em cada um desses extremos causa um desequilíbrio. É a mistura das duas coisas que torna nossa vida maravilhosa.

Aqui vai uma explicação bem-humorada: "Ser um Buda e dirigir uma Mercedes-Benz com seus entes queridos" é o resumo de uma vida perfeita. O que queremos dizer é que nem todos nós devemos buscar luxos, mas apenas aprender a viver em um belo estado de consciência e acessar o poder desse estado para criar prosperidade e amor para nós mesmos, nossos entes queridos e o mundo ao nosso redor.

Os quatro segredos sagrados tratam dessa visão grandiosa. Nós acreditamos que esses ensinamentos levarão ao surgimento de criadores conscientes de riqueza, pais despertos, parceiros sinceros e pessoas alegres que vivem e agem em um estado transformado de consciência.

Pessoalmente, Preethaji e eu temos um relacionamento harmonioso e gratificante entre nós e com Lokaa, nossa filha. Respeitamos profundamente

176   *Os quatro segredos sagrados*

e cuidamos de nossos pais e sogros. Adoramos ser mentores da equipe de professores e dos milhares de alunos de nossa academia. Esses relacionamentos e muitos outros são ricos por causa do estado de consciência em que vivemos, não por compartilharmos ideologias e valores. O sofrimento não cria raízes em nossa mente.

Nós temos equipes maravilhosas, parceiros de negócios e diretores confiáveis que nos apoiam na administração de nossos negócios, permitindo que continuemos seguindo nossa missão de transformar a consciência humana. E o universo foi muito benevolente com as várias sincronicidades que tornaram isso possível. As coisas não aconteceram porque seguimos princípios de gerenciamento secretos; tudo é resultado de nosso estado de consciência.

O propósito dos quatro segredos sagrados é unir um estado interior rico com uma vida externa rica, pois queremos que isso se torne uma realidade para todos.

Pergunta: O que as pessoas aprendem na sua academia?
Resposta: A O&O Academy é uma escola de filosofia e meditação para transformar a consciência humana, com sede na Índia. Nós oferecemos cursos para pessoas de idades diferentes, de todas as nações, em seus respectivos idiomas. Temos um programa que abrange diversos tipos de aprendizado, e professores que dedicam a vida a desenvolver essa transformação nos alunos.

É claro, o primeiro contato da maioria das pessoas com a escola ocorre fora da Índia. Preethaji viaja para grandes cidades no mundo todo, oferecendo o **Field of Abundance,*** um evento espiritual de quatro dias, e também ministra dois eventos virtuais de dois dias: **Source & Synchronicities**** e **Being Limitless.*****

---

* Campo de Abundância, em tradução livre. [N. da T.]
** Fonte e Sincronicidades, em tradução livre. [N. da T.]
*** Ser Ilimitado, em tradução livre. [N. da T.]

Para saber mais sobre nossos cursos, acesse www.oo.academy ou www. ooacademybrazil.com.

Pergunta: O que leva as pessoas à academia?

Resposta: Os antigos sábios da Índia nos incentivavam a nos tornarmos Dwijas, ou renascidos, o que significa virarmos pessoas despertas com uma consciência transformada: aqueles que se purgam do condicionamento limitante oferecido pela vida e despertam para uma consciência que tem o potencial de ser ilimitada.

Esse despertar pode ser alcançado por todo mundo? Sim. Cada cultura antiga tem suas histórias sobre jornadas espirituais profundas — e muitas deixaram os segredos dessas aventuras para a posteridade na forma de símbolos, mitologia, arte sacra e arquitetura. Pense em Odisseu voltando para Ítaca após a queda de Troia, no profundo mergulho de Jonas dentro da barriga da baleia, na crise de fé de Arjuna ao se preparar para a guerra, ou no mito chinês sobre a cobra que entrou em uma caverna escura e, sob a luz do dia, emergiu como um dragão. Tais contos não são apenas entretenimento; são mapas que indicam o caminho para a transformação, oferecendo uma sabedoria poderosa.

Ritos de passagem foram fundamentais para a evolução de tantas culturas — e, mesmo assim, muitos de nós perderam a conexão com o poder transformador e curativo desses desafios. Quando um desastre ocorre ou quando a vida lenta e gradualmente se torna amargurada e desalentadora — devido à morte de um pai, à perda do amor, à dissolução gradativa de um sonho —, somos assolados pelo mesmo sofrimento que os humanos sentem desde os primórdios dos tempos. Porém, apesar de todos os nossos avanços tecnológicos impressionantes, a sociedade moderna não nos ofereceu as ferramentas necessárias para sair das crises com o estado de consciência aprimorado de que precisamos para enfrentar o próximo capítulo da vida.

Nossos processos foram pensados para ajudar todos a atravessar todas as fases de sua existência de maneira mais harmônica, despertando o potencial para transformações profundas que todos temos. Nós costumamos

178 *Os quatro segredos sagrados*

dizer que o currículo que ensinamos e pelo qual guiamos nossos alunos os transforma em pessoas que conseguem se remover do giro inevitável e aleatório da roda da fortuna e criar um novo destino para si mesmos. As práticas que compartilhamos ajudarão você a encarar sua vida, seus relacionamentos e seus hábitos de outra maneira.

Desde que abrimos as portas da academia, não apenas ajudamos centenas de milhares de pessoas a responder perguntas fundamentais da vida, mas a viver de um jeito que apenas poucos acreditavam ser possível. Nós atendemos alunos de 12 anos e alunos de 81. Há quem venha da Coreia do Sul, do norte da Califórnia, e de todos os cantos do planeta.

Alguns têm um sonho que desejam realizar ou uma experiência dolorosa que querem esquecer. Outros lutam com perguntas difíceis: O que significa realmente amar a si mesmo e ao próximo? Como é viver ao máximo? O universo tem uma consciência? Eu tenho o poder de mudar o rumo da minha vida?

Há também aqueles que têm decisões importantes a tomar: Devo continuar no meu relacionamento ou não? Devo mudar de cidade? Devo largar meu emprego por uma oportunidade divertida, porém incerta?

Outros são buscadores espirituais, que desejam se libertar totalmente do sofrimento e da ilusão da separação.

E também atendemos buscadores espirituais que nos procuram para ter uma experiência direta com a inteligência universal ou a fonte.

As pessoas chegam à academia por muitos motivos diferentes, mas todos buscam por algo que parece levemente fora de seu alcance. Na mente de todos, paira uma variação da mesma pergunta básica: *Como alcanço essa coisa indescritível que busco?* É claro, não temos uma resposta para todos — mas os ajudamos a encontrá-la por conta própria. Ajudamos você a completar jornadas por meio de revelações profundas, processos místicos poderosos e meditações simples.

Pergunta: Qual é sua visão sobre Deus?
Resposta: Deus é uma experiência subjetiva. Pessoas diferentes têm definições diferentes sobre Deus. Nós ajudamos nossos alunos a descobrir qual é sua percepção. Depois disso, "Deus" deixa de ser apenas uma palavra para eles.

Epílogo 179

Dependendo da cultura específica de cada um, alguns sentem essa presença como um ser com quem têm um relacionamento pessoal, enquanto outros encaram a inteligência universal como amor, benevolência e poder. Quanto mais tempo passamos em belos estados, maior se torna a nossa conexão com a inteligência universal que flui em nossas vidas. A academia oferece muitos processos para ajudar as pessoas a despertarem para essa presença.

Pergunta: Então o que é consciência?
Resposta: A consciência é tudo. Não há nada que não seja consciência. Você também faz parte dela. Está nela. É ela. A consciência é aquilo que é compreensível para a lógica e aquilo que pertence ao domínio espiritual. A consciência é a matéria e a sua experiência com a matéria.

Desculpe se isso parece esotérico demais. De fato, as palavras não expressam bem o místico; porém vamos tentar explicar de outro modo. Se o sol nascente fosse o aspecto físico da consciência, sua beleza e esplendor, ou a ausência deles, seriam o aspecto experiencial da consciência. Se um bebê recém-nascido fosse o aspecto físico, o amor e o medo da responsabilidade quando você o segurasse seriam o aspecto sensorial.

O universo que vivenciamos com os cinco sentidos é o aspecto físico da consciência, enquanto nossa experiência interior subjetiva é a dimensão experiencial. A preocupação predominante da ciência é explorar a o aspecto físico da consciência, enquanto a espiritualidade autêntica está envolvida na exploração e transformação da dimensão interna ou experiencial da consciência. A essência básica da transformação é sair do estado de auto--obsessão que chamamos de consciência do eu, e passar para a consciência do Uno.

Pergunta: Você pode contar mais sobre esses estados de consciência do eu e consciência do Uno?
Resposta: Se você parar para pensar nos mitos antigos do mundo — tanto orientais quanto ocidentais —, todos mostram guerra. Uma guerra entre deuses e demônios. Uma guerra entre luz e escuridão. Nessas histórias, os deuses ganham algumas vezes, e os demônios ganham em outras.

180   *Os quatro segredos sagrados*

Há aquelas em que a guerra se passa em algum paraíso; algumas falam sobre a batalha ocorrendo na Terra ou em algum mundo subterrâneo. Mas que guerra é essa? E onde ela realmente acontece? Na verdade, tudo ocorre em nossa consciência.

Para nós, a consciência é um espectro. Em uma extremidade, há o que chamamos de consciência do eu, e na outra, a consciência do Uno.

A consciência do eu acontece quando nossos pensamentos começam a girar em torno de nós mesmos de maneira obsessiva. As ideias se fixam no *eu, eu, eu...* nossas preocupações, ansiedades, razões, prazeres, desejos. É um estado de autoabsorção. Essa extremidade do espectro é um campo fértil para estados destrutivos como descontentamento, raiva, ódio, medo, dor, e o desejo de controlar e dominar. A consciência do eu é a dinâmica de todos os nossos estados de sofrimento. Nosso senso de identidade se torna extremamente limitado. Se ele pudesse ser visualizado como um círculo, nossas famílias, nossos filhos e nossos amigos não existiriam na consciência do eu. Nada existiria. Quando estamos presos em estados de sofrimento, ninguém importa de verdade. É uma existência muito estreita e limitada, além de dolorosa. Tudo murcha. A criatividade desaparece, a competência diminui, a riqueza some, os relacionamentos se tornam frágeis. Sentimos como se o universo estivesse contra nós.

Na consciência do eu, atitudes impulsivas acabam causando dor a nós mesmos e aos outros sem nem nos darmos conta.

Uma transformação total em nossas vidas e uma revolução verdadeira em nossa consciência ocorre quando damos o grande salto da consciência do eu para a consciência do Uno. Em termos simples, a consciência do Uno é um profundo senso de conexão com nós mesmos e toda a vida. Nós nos identificamos com nós mesmos e os outros, com nós mesmos e a natureza, com nós mesmos e o planeta, com nós mesmos e o universo. Nesse estado, nosso senso de identidade se amplia e expande progressivamente até não haver mais um círculo. Nós nos tornamos ilimitados e infinitos.

A consciência do Uno não é um estado específico; é um estado de expansão do ser. Nele, você tende a criar um campo de energia de grande

Epílogo 181

harmonia e poder ao seu redor, que atrai enormes coincidências e mágica em sua vida. Você gera uma inteligência capaz de solucionar problemas. Gera um amor capaz de curar qualquer mágoa. Gera riqueza capaz de sustentar mais pessoas do que imaginava ser possível. A jornada para longe da consciência do eu, se movimentando para os vários planos da consciência do Uno, é o que chamamos de despertar ou iluminação.

Pergunta: O que é despertar?
Resposta: A jornada da evolução da consciência já foi chamada de iluminação, *zazen, satori, mukti,* despertar, autorrealização e muitos outros nomes. Por uma questão de simplicidade, vamos conversar sobre o termo "despertar".

Afinal, todos os nossos estados de sofrimento — seja um enfado existencial, medo, raiva ou tristeza — são pesadelos conscientes: sonhos horríveis que temos enquanto estamos acordados.

Você se lembra de como é acordar de um pesadelo? Levamos um tempo para perceber que aquilo era um sonho, não a realidade. Quando finalmente despertamos, ficamos aliviados.

Os antigos encaravam todos esses estados de sofrimento e de separação como pesadelos conscientes dos quais precisamos despertar enquanto estamos acordados. Quando conseguimos nos livrar deles de verdade, sorrimos com a alegria da conquista. E despertamos para os três planos progressivos da consciência do Uno: os belos estados de ser, os estados transcendentais e os estados iluminados de consciência.

Despertar é sair da consciência do eu e passar para a consciência do Uno. E vamos falar mais sobre isso em outra oportunidade.

Pergunta: No livro, nós só lemos sobre os belos estados de ser. Quais são os outros dois planos que você mencionou? E não existem apenas dois estados de consciência: o de sofrimento e o belo estado de ser?
Resposta: É verdade que só vivemos em dois estados: o de sofrimento e o de não sofrimento. Não há um terceiro.

182   *Os quatro segredos sagrados*

Se observarmos o sofrimento em si, veremos que ele começa como estados desagradáveis de tédio, irritação, indiferença ou tensão. O sofrimento também pode se intensificar em descontentamento, raiva, medo, insegurança, tristeza ou solidão, e acabar se transformando em estados obsessivos de tédio existencial, desespero, depressão, ódio ou desânimo. Quando se trata de estados de não sofrimento, novamente temos um espectro. Nós os classificamos em três planos de experiência: belos estados de ser, transcendentais e iluminados. Em cada um deles, sua experiência da vida é diferente. A consciência é um oceano com margens infinitas. Nós escolhemos falar sobre uma delas neste livro: o belo estado de ser. Mas vamos nos estender brevemente sobre esses três planos.

Os belos estados de consciência não se tratam de emoções extremas. Eles se caracterizam pela ausência do barulho de pensamentos conflitantes. Nos belos estados de ser, você se sente mais conectado consigo mesmo, com os outros e com o mundo. Você se torna presente. Calma, conexão, amor, compaixão, alegria, serenidade, afeto, gratidão e coragem são todos belos estados de ser. Cada um de nós pode passar a maior parte da vida se sentindo em belos estados de ser. Conforme nossos cérebros, corpos e consciências passam por uma transformação, mesmo que o sofrimento surja, rapidamente conseguimos dissolvê-lo e voltar para um belo estado de ser.

Êxtase, felicidade, amor universal, paz, equanimidade, destemor — esses são estados transcendentais que não duram por muito tempo. Quando os alcançamos, nos tornamos testemunhas do movimento da vida. Estamos no fluxo da existência. Percebemos que as árvores, a terra, os humanos e todas as formas de vida fluem até nós, e que fluímos até eles. Nós nos tornamos inseparáveis de tudo. Esses são estados fora de comum encontrados em meditações e processos profundos. Nós despertamos para o místico nos estados transcendentais. Nesses estados, algumas pessoas também têm visões ou experiências extrassensoriais. Em nossa academia, notamos que esses estados intensos frequentemente resultam em mudanças de vida.

No estado iluminado de consciência, despertamos da dualidade entre a matéria e a consciência, o sagrado e o não sagrado, você e o outro, o

Epílogo 183

divino e o humano, o sofrimento e o prazer. E despertamos como o Uno. Estados iluminados são conhecidos por deixar uma marca permanente na consciência humana.

Depois de testemunhar tais estados, nossa experiência da vida rotineira não mudaria completamente? Quando seguimos na consciência do eu, somos indivíduos decrépitos que apenas suspiram, amargurados, ao ver o quadro de uma bela praia pendurada na parede da sala. Ao deixarmos esse estágio para trás e explorarmos os planos mais profundos da consciência do Uno, somos como aventureiros nos aventurando pelas belezas das profundezas dos mares. Livres da tirania dos estados de sofrimento, nós estamos verdadeiramente vivos. A vida se torna mais divertida e, ao mesmo tempo, extremamente sagrada.

Todos os seres humanos na terra são munidos de um cérebro com o potencial de vivenciar esses planos de consciência. Na academia, temos o compromisso de despertar a humanidade dos estados de sofrimento para esses magníficos estados.

Pergunta: O que é o Campo Ilimitado? Há referências a ele no livro durante relatos das experiências de outras pessoas.
Resposta: O Campo Ilimitado é um meio de alcançar estados de consciência transcendentais e iluminados.

Vou explicar. Um dos dilemas mais conhecidos da física quântica é se um elétron trata de uma partícula ou de uma onda.

Quando encaramos o elétron como partícula, o vemos localizado em um ponto específico.

Quando observamos o elétron como onda, isso significa que ele não tem um lugar fixo, espalhando seu impacto por um espaço muito vasto.

Do mesmo modo, todos nós podemos nos ver como indivíduos centralizados em um corpo, com certo conjunto de memórias e experiências. Isso é mais ou menos como pensarmos em nós mesmos como partículas.

E também podemos nos ver como ondas, impactando as pessoas ao nosso redor.

184 *Os quatro segredos sagrados*

A nossa consciência é capaz de criar um campo de energia — todos já vimos provas disso. Sabemos que a presença de algumas pessoas nos passa tranquilidade e alegria. Ao mesmo tempo, alguém fervilhando de raiva ou ódio também pode nos deixar desconfortável.

Dependendo de nosso estado de consciência, cada um de nós gera um campo ao nosso redor.

Se você estiver em um belo estado de amor, compaixão, alegria ou serenidade, um campo é gerado no seu entorno. Ele impacta as pessoas ao seu lado sem que você precise emitir uma palavra; isso ocorre porque você não é uma experiência localizada no corpo. Você é consciência.

Preethaji e eu, já há um longo tempo, temos esse dom sagrado: o dom de sermos capazes de nos mover para os maiores estados iluminados não duais por vontade própria. Nesse estado altíssimo que os antigos chamavam de "Ekam", no qual não existe separação, um campo de consciência imenso é gerado. Quando você entra no Campo Ilimitado conosco, alcança um espaço extremamente poderoso, que pode lhe afetar em qualquer lugar.

Quandos os buscadores entram no Campo Ilimitado, suas estruturas neurais e químico-neurais são afetadas e eles despertam para poderosos estados de consciência.

O Campo Ilimitado é o espaço do não esforço; é o reino dos acontecimentos.

Pergunta: No começo do livro, você compartilhou o processo da construção do Ekam — uma estrutura majestosa cujo propósito é ajudar as pessoas a despertar. Pode contar um pouco sobre ele e sua arquitetura?

Resposta: A palavra "Ekam" se refere ao maior estado de consciência não dual que pode ser sentido pelo corpo humano.

O Ekam é uma usina de energia mística criada com três propósitos sagrados:

1. É um espaço em que indivíduos de todas as crenças e estilos de vida podem se conectar com a inteligência universal e experienciar um maior

Epílogo 185

senso de intuição para tomar decisões importantes de vida. É uma morada do poder divino.

2. O Ekam se localiza em um terreno raríssimo. Sabe-se que as meditações feitas aqui afetam centros de energia psíquica e permitem que energias cósmicas preencham a consciência humana. Os processos que criamos são projetados para guiar você a estados iluminados de consciência. As pessoas experienciam o nível mais alto de transcendência no Ekam.

3. Construído de acordo com antigos princípios místicos de arquitetura sagrada, ele age como um amplificador. Quando centenas de pessoas se unem para meditar no Ekam, mudanças profundas na consciência humana rumo a paz podem ocorrer.

O Ekam é um dos melhores exemplos de arquitetura sagrada moderna, onde todas as portas, todas as janelas e todos os desenhos no chão trazem consigo um significado esotérico — eles repercutem e amplificam as energias de cura sagradas do planeta e do universo.

A estrutura em si é um fenômeno — ela pode afetar e levar sua consciência para domínios transcendentais. Quando você medita e participa do processo aqui, entra em um campo poderoso que lhe guia para a unidade. Tanto a estrutura do Ekam quanto os processos que compartilhamos foram projetados para guiar os participantes para um estado de consciência desperta de forma que eles possam ainda melhor impactar o coletivo humano.

O Ekam oferece três grandes festivais anuais — o Festival da Abundância do Ekam, o Festival da Paz do Ekam e o Festival da Iluminação do Ekam.

Vamos conversar sobre o Festival da Abundância do Ekam, que é baseado em um princípio fundamental. Uma das maiores ilusões em que caímos sem nos dar conta é a seguinte: acreditamos que a vida segue uma sequência linear de causa e efeito.

Nós presumimos que, se encontrarmos nossa alma gêmea, nossa vida se encherá de amor. Se nos tornarmos bem-sucedidos, vamos ser felizes.

186 *Os quatro segredos sagrados*

Se seguirmos a dieta certa, vamos relaxar. Mas a vida é mais parecida com o mundo subatômico, onde o efeito surge antes da causa.

Descubra o amor, e sua alma gêmea virá. Sinta-se feliz, e o sucesso acontecerá. Entre em um estado de profundo relaxamento, e seu corpo se livrará ou ganhará todo peso de que precisa.

O universo em que vivemos segue muitas leis sagradas que grande parte da humanidade desconhece.

Pergunta: O que é o Festival da Paz do Ekam? Como pessoas de outra parte do mundo podem participar?

Resposta: Vamos explorar o que significa paz para cada um de nós por um instante.

Para muitos, ao pensar em paz, o que vem à mente são homens em ternos cinza trocando apertos de mão e proibindo armas nucleares ou firmando pactos contra o terrorismo internacional. E essas certamente são formas de paz. Mas tal imagem fortalece a ilusão de que pessoas normais são meras espectadores quando se trata de alcançar a paz no mundo — e não criadores ativos.

Mas somos mesmo? Vamos analisar melhor a situação. Você consegue responder estas poucas perguntas com sinceridade?

- Você já sofreu abusos emocionais ou físicos?

- Você já sofreu os efeitos da divisão ou separação?

- Você já foi afetado por conflitos criados por outra pessoa?

Aqueles que sofreram abuso parental sabem muito bem o valor da paz. Aqueles que passaram por uma separação ou um divórcio sofrido sabem muito bem o valor da paz. Aqueles que foram vítimas de discriminação no trabalho, em casa ou na escola sabem muito bem o valor da paz.

E, assim, essa não é uma questão que deve ser deixada apenas nas mãos de líderes e mediadores mundiais.

Lembrem que estamos conectados em consciência. O que acontece na consciência individual de cada pessoa será amplificado e refletido no coletivo como um possível ato de violência ou guerra. Seu despertar e sua meditação pela paz para todos os seres vivos são fundamentais para o mundo se tornar pacífico.

A paz não é uma virtude cultivada; é um estado de ser — um belo estado interior.

Então como podemos acabar com nosso estado interior conflituoso e manifestar um mundo exterior pacífico? Como podemos transformar de verdade a nós, nossas famílias e nossas comunidades?

Primeiro, vamos considerar as abordagens mais comuns. Quanto sucesso tivemos em criar uma sociedade harmoniosa através da educação moral (com uma abordagem baseada em valores), religiosa (com uma abordagem baseada em crenças) ou racional (com uma abordagem focada na compreensão de benefícios e desvantagens mútuas)?

Será que apenas a educação basta para resolver conflitos?

Será que apenas o cultivo da virtude basta para causar mudanças?

Mesmo que algumas reformas momentâneas sejam conquistadas por meios racionais ou virtuosos, transformações duradouras só ocorrem quando nos concentramos na causa raiz da guerra e da violência. E, na maioria dos casos, no âmago de cada caso de agressão e luta está um estado de sofrimento, que causa a submissão a discursos e ações destrutivos.

A transformação de nosso estado de ser é a maneira mais certeira de alcançar uma paz sustentável.

É por isso que o Festival da Paz do Ekam não se trata de ativismo pela paz. Ele é um movimento da consciência pela paz que ocorre todos os anos, em agosto. Além das milhares de pessoas que viajam até o Ekam, pacifistas do mundo todo se conectam todas as noites pela internet para participar de uma meditação coletiva em nome de vários aspectos da paz, desde tolerância religiosa, bondade com os animais e a manutenção de um respeito profundo por mulheres e crianças, ao término da exploração econômica e à promoção da harmonia racial. No décimo primeiro dia,

188 *Os quatro segredos sagrados*

mais de um milhão de pessoas no mundo todo se conecta com o Ekam, onde, coletivamente, meditamos pela paz mundial. Nosso centro místico de energia está posicionado em um local especial para essa celebração, porque ele age como um amplificador e impacta a consciência humana.

Pergunta: O que é o Festival da Iluminação do Ekam? Como posso participar?

Resposta: Quero começar minha resposta com outra pergunta: *Quantos estados de iluminação existem?*

Nossos cérebros têm mais de um bilhão de neurônios, com um quatrilhão de conexões neurais. Então, tecnicamente, podemos passar por um quatrilião de estados de iluminação diferentes!

No entanto, se observarmos a maneira como diferentes culturas falaram sobre estados expandidos de consciência no decorrer da história, podemos resumir essas experiências infinitas especiais em cinco estados clássicos.

Preethaji e eu planejamos o Festival da Iluminação Ekam de modo que você passe pelos cinco estados. Essa celebração de sete dias, que ocorre em dezembro, atrai exploradores espirituais entusiasmados de mais de sessenta países.

Porém, o festival não é apenas uma aventura única na vida — esses estados transformarão sua química cerebral, criando novos circuitos neurológicos para que você possa voltar a eles inúmeras vezes em seus sonhos e quando estiver desperto.

As experiências pelas quais os guiaremos o transformarão em um autêntico e apaixonado buscador dos iluminados estados de ser. Quando você voltar ao mundo real e passar por momentos de confusão e conflito, saberá que existe um espaço de consciência que não pode ser afetado por turbulências. Quando voltar ao mundo real e for dominado pelo sofrimento, saberá que existe um estado de consciência em que toda existência é um êxtase. Quando voltar ao mundo real e sentir a dor da separação, saberá que existe um estado de consciência em que todos são inseparáveis.

Quando você voltar ao mundo real e se sentir sozinho ou encarar o medo da morte, saberá que existe um espaço de consciência em que tudo é Um, e você é o Um.

Pergunta: Como me conecto com as meditações citadas em *Os quatro segredos sagrados?*

Resposta: Você pode praticar conosco todos os dias. Acesse www.breathingroom.com para baixar nosso aplicativo, acessar as meditações em inglês mencionadas aqui e muito mais. Use o código "soul sync" para receber uma oferta especial.

Agradecimentos

A gratidão é uma expansão da consciência; é a consciência da sacralidade da vida. Quando refletimos sobre nossa existência, vemos, em todas as experiências, o amor e a dedicação de tantas pessoas.

Portanto, seria impossível mencionar os nomes de todos que tornaram este livro possível.

Mas gostaríamos de agradecer a Sarah Rainone por nos ajudar com as palavras destas páginas, e à nossa editora, Michelle Herrera Mulligan, da Atria Books, por seu trabalho ao definir o formato do livro. E, finalmente, gratidão especial a todos cujas experiências foram compartilhadas nestas páginas.

Notas

32. *De acordo com Jennifer Read Hawthorne*: Jennifer Read Hawthorne, "Change Your Thoughts, Change Your World", 2014, https://jenniferhawthorne.com/articles/change_your_thoughts.html.
35. *Aumenta o fluxo de sangue*: Dr. Andrew Newberg e Mark Robert Waldman, *Como Deus pode mudar sua mente: Um diálogo entre a fé e a neurociência* (Prumo, 2009).
37. *Esse tipo de respiração ativa*: Seth Porges, "The Science of Breathing", Forbes, 28 de novembro de 2016, https://www.forbes.com/sites/sethporges/2016/11/28/the-science-of-breathing-how-slowing-it-down-makes-us--calm-and-productive/#-42096f5a4034.
37. *De acordo com o Dr. Andrew Newberg*: Dr. Andrew Newberg e Mark Robert Waldman, *Como Deus pode mudar sua mente: Um diálogo entre a fé e a neurociência* (Prumo, 2009).
37. *Essa parte da Soul Sync*: Prathima Parthim Bose, "Humming Bee; Normal Breathing", The Hindu, 7 de janeiro de 2015, https://www.thehindu.com/features/metroplus/fitness/wellness-humming-bee-normal-breathing/article6764389.ece.
46. *Uma história de Sri Ramakrishna*: Sri Ramakrishna, *Tales and Parables of Sri Ramakrishna* (Chennai: Sri Ramakrishna Math, 2007).
47. *Neuropsicólogo Rick Hanson*: Rick Hanson, "How to Grow the Good in Your Brain", Greater Good Magazine, 24 de setembro de 2013, https://greatergood.berkeley.edu/article/item/how_to_grow_the_good_in_your_brain.

Sobre os autores

Preethaji e Krishnaji são líderes transformacionais e fundadores da O&O Academy, uma escola de filosofia e meditação para transformar consciências. No coração da academia está o Ekam, um centro místico de energia que desperta buscadores para a transcendência.

Preethaji, Krishnaji e sua filha, Lokaa, criaram duas instituições humanitárias — a World Youth Change Makers, que busca criar jovens líderes transformados, e a One Humanity Care, cujo objetivo é melhorar a vida de habitantes de milhares de vilarejos nas proximidades de sua academia na Índia.

Filósofo e sábio cujas meditações criam um vórtice de energia transcendental, Krishnaji é mentor de muitos líderes e organizações mundiais.

Preethaji é mística e criadora de muitos métodos de meditação renomados e atualmente praticados ao redor do globo. Suas palestras no TEDx Talks já foram assistidas por mais de 2 milhões de pessoas. Ela guia os eventos Field of Abundance, que duram quatro dias, para milhares de pessoas por ano em grandes cidades do mundo, e também ministra os eventos virtuais Source & Synchronicities e Being Limitless. Em suas aulas, Preethaji reúne dois mundos — o científico e o transcendental, o intelecto e o coração.

Este livro foi composto na tipografia
Adobe Garamond Pro, em corpo 12/16, e impresso
em papel off-white no Sistema Cameron da
Divisão Gráfica da Distribuidora Record.